EL EVANGELIO

DE SAN LUCAS

Jerome Kodell, O.S.B.

Traducido por:
P. Juan I. Alfaro

Mexican American Cultural Center
San Antonio, Texas

A Liturgical Press Book

THE LITURGICAL PRESS
Collegeville, Minnesota

ABREVIATURAS

Gen—Génesis	Cant—Cantar de los Cantares	Hch—Hechos
Ex—Exodo	Sab—Sabiduría	Rom—Romanos
Lev—Levítico	Eclo—Eclesiástico	1 Cor—1 Corintios
Nm—Números	Is—Isaías	2 Cor—2 Corintios
Dt—Deuteronomio	Jer—Jeremías	Gal—Gálatas
Jos—Josué	Lam—Lamentaciones	Ef—Efesios
Jue—Jueces	Bar—Baruc	Flp—Filipenses
Rut—Rut	Ez—Ezequiel	Col—Colosenses
1 Sam—1 Samuel	Dan—Daniel	Filem—Filemón
2 Sam—2 Samuel	Os—Oseas	1 Tes—1 Tesalonicenses
1 Re—1 Reyes	Jl—Joel	2 Tes—2 Tesalonicenses
2 Re—2 Reyes	Am—Amós	1 Tim—1 Timoteo
1 Cro—1 Crónicas	Abd—Abdías	2 Tim—2 Timoteo
2 Cro—2 Crónicas	Jon—Jonás	Tit—Tito
Esd—Esdras	Mi—Miqueas	Heb—Hebreos
Neh—Nehemías	Nah—Nahum	Sant—Santiago
Tob—Tobías	Hab—Habacuc	1 Pe—1 Pedro
Jdt—Judit	Sof—Sofonías	2 Pe—2 Pedro
Est—Ester	Ag—Ageo	Jds—Judas
1 Mac—1 Macabeos	Zac—Zacarías	1 Jn—1 de Juan
2 Mac—2 Macabeos	Mal—Malaquías	2 Jn—2 de Juan
Job—Job	Mt—Mateo	3 Jn—3 de Juan
Sal—Salmos	Mc—Marcos	Ap—Apocalipsis
Prov—Proverbios	Lc—Lucas	N.E.—Nota Editorial
Ecl—Eclesiastés	Jn—Juan	

El diseño de la cubierta por Ann Blattner. Una escena de una calle de Jerusalén. La foto por Robin Pierzina, O.S.B. Todas las otras fotos por Hugh Witzmann, O.S.B.

Nihil obstat: Juan I. Alfaro, *Censor deputatus.*

Imprimatur: ✝ Patricio F. Flores, Arzobispo de San Antonio, Texas, el 22 de septiembre de 1987.

El texto de la biblia está tomado de la BIBLIA LATINOAMERICANA. © de Ramón Ricciardi, Bernardo Hurault, 1972, y Sociedad Bíblica Católica Internacional, Madrid. *Nihil obstat:* Alfonso Zimmerman, C.SS.R., *Imprimatur:* ✝ Manuel Sánchez B., Arzobispo de Concepción, Chile. No está permitido reproducir el texto de la BIBLIA LATINOAMERICANA sin permiso de la Sociedad Bíblica Católica Internacional. Derechos reservados.

Library of Congress Cataloging-in-Publication Data

Kodell, Jerome.
    [Gospel according to Luke. Spanish]
    El Evangelio de San Lucas / Jerome Kodell ; traducido por P. Juan
I. Alfaro.
    p.   cm. — (Comentario biblico de Collegeville ; 3)
    Includes text of the Gospel of Luke from la Biblia
Latinoamericana.
    ISBN 0-8146-1850-2
    1. Bible. N.T. Luke—Commentaries.   I. Bible. N.T. Luke.
Spanish. 1995. II. Title. III. Series: Collegeville Bible
commentary. Spanish ; 3.
BS2595.3.K6218 1995
226.4'077—dc20   94-3738
                                                      CIP

Para

Fred y Tammy Woell

y los líderes del

Programa de Estudio de la Sagrada Escritura

de la Diócesis de Little Rock

CONTENIDO

PALESTINA
EN TIEMPOS DE JESÚS

0   Kms   40

MAR
MEDITERRÁNEO

Sidón
Sarepta

Abila
ABILINIA
Damasco

MTE. HERMÓN

S I R I A

Fenicia

Cesarea de Filipo

G A L I L E A

Tiro

Tolemaida

Corazín
Capernaum
Magadán
Tiberias

Betsaida
Lago de
Galilea

Caná

MTE. CARMELO

Nazaret

Naín   MTE. TABOR

Gadara

D E C Á P O L I S

Cesarea

Salim
Enón

S A M A R I A

Samaria

MTE. EBAL
MTE. GERIZIM   Sicar

Gerasa

Jope

Arimatea?

Río Jordán

Efraín

P E R E A

Betania

Emaús
Jerusalén   Betania
Qumrán

Azoto

Ascalón

J U D E A   Belén

Gaza

Hebrón

Mar
Muerto

I D U M E A

N A B A T E A

© Sociedades Bíblicas Unidas, 1976

El Evangelio Según San Lucas

Introducción

El Evangelio de Lucas es la primera parte de una obra en dos volúmenes que cuenta los orígenes del cristianismo desde la infancia de Jesús hasta la llegada de Pablo, el gran predicador, a Roma alrededor del año A.D. 60. Solamente la extensión del evangelio y de su volumen compañero, los Hechos de los Apóstoles, (más largos que el trabajo de cualquier otro escritor del Nuevo Testamento) habría hecho de su autor una influencia prominente en la teología y espiritualidad cristiana. El autor es además un buen escritor que organiza su material con creatividad y que cuenta su historia con claridad y colorido artístico. Dante llamó a Lucas el ''escriba de la mansedumbre de Cristo'', por su énfasis en la misericordia de Jesús con los pecadores y marginados. Algunas de las historias más memorables del evangelio sobre la misericordia divina se encuentra sólo en San Lucas (la viuda de Naím, el hijo pródigo, Zaqueo).

El autor y su auditorio

Al comienzo de su evangelio San Lucas aprecia el trabajo de sus antepasados. El no trata de sustituir el evangelio anterior de Marcos, pero ve la necesidad de una nueva narración para una generación nueva en circunstancias diferentes. Lucas es un cristiano de lengua griega, posiblemente convertido por San Pablo, que escribe en Antioquía (Síria) o en el Asia Menor (Turquía moderna) hacia el fin del siglo primero. La Iglesia cristiana rápidamente se va haciendo gentil más que judía en su composición; ya no se limita a Palestina sino que es un conglomerado de comunidades dispersar por todo el imperio romano. Su lengua no es el arameo sino el griego. Lucas quería mostrar la continuidad de esta Iglesia moderna con Jesús y la comunidad hebrea primitiva. El piensa que puede mejor mostrar sus raíces añadiendo otro volúmen a la historia de Jesús, uniendo temáticamente las dos partes pero manteniendo la distinción histórica. Usa el evangelio de Marcos editándolo según sus necesidades, fuentes escritas y orales, y algunas tradiciones que también usó San Mateo.

Para los lectores de Lucas, la geografía, lengua, y condiciones religiosas y políticas de Palestina eran remotas y desconocidas. La mayoría no tenía familiaridad con los escritos judíos que los predicadores solían citar al contar la historia de Jesús. Los cristianos del Asia Menor y de Europa se preocupaban por ser buenos ciudadanos del imperio romano que había sido considerado como gobierno intruso por muchos de los contemporáneos de Jesús. La nueva generación de cristianos incluía a muchos que no eran pobres sino más bien acomodados, más de ciudad que del campo. Una pregunta surgió ya por sí misma ya motivada por sus vecinos paganos: ¿Por qué nosotros que somos griegos seguimos una religión tan hebrea? ¿Cómo nos llegó Jesús a nosotros? ¿Somos independientes de lo que sucede ahora en Jerusalén?

Estos cristianos ciudadanos del imperio romano habrían oído de la destrucción de Jerusalén por el ejército romano, una catástrofe predicha por Jesús e interpretada como castigo del pecado. ¿Significaba ésto que tenían que cortar sus raíces judías? ¿Cómo se podía adaptar el mensaje de Jesús a los judíos para un auditorio griego de medio siglo después? Todo ésto era complicado por la hostilidad persistente de sus vecinos contra los cristianos y por la sutil persecución que sufrían de muchas formas, especialmente en lo social y económico.

Problemas como éstos giraban en torno a Lucas al planear su obra. Se enfrentó a ellos y a otros directa e indirectamente. Quería que sus lectores supieran que ellos formaban parte del plan salvador de Dios desde el principio, aunque los judíos hubieran sido los primeros en oír el mensaje para canalizarlo a los demás. La historia de la salvación sigue el plan exacto de Dios, tal como lo prometió en el Antiguo Testamento. Es un caminar hacia el Reino bajo la dirección del Espíritu Santo. El evangelio ofrece los comienzos de la historia cristiana desde el primer anuncio del cumplimiento de la salvación hasta su culminación en la muerte y resurrección de Jesús. Los Hechos de los Apóstoles narran el nacimiento y desarrollo de la Iglesia, señalando las decisiones claves y los puntos cruciales que llevaron a los líderes, guiados por Dios, a la misión a los gentiles. Una vez se hace la decisión definitiva de evangelizar a todos los pueblos y no sólo a los judíos (Hch 15), la historia sigue los pasos del apóstol Pablo que lleva el evangelio por el imperio a Europa y al centro del mundo contemporáneo, la ciudad de Roma.

Temas

Cada predicador del evangelio hace una proclamación básica de la salvación en Jesucristo. Cada uno presenta su visión del misterio derivada de su reflexión y experiencia personal para las necesidades de una comunidad particular. Tenemos cuatro evangelios, pero podríamos haber tenido muchos más. Cuentan la misma história básica sobre Jesús e interpretan su significado. Su modo de abordar el tema es como el de cuatro pintores que hacen un cuadro del retrato de la misma persona. Cada evangelista cuenta para su trabajo con la experiencia de su relación personal con Jesús, con su talento individual, con su conocimiento de una comunidad cristiana concreta y con una gran riqueza de material aprendido de la comunidad y de otras fuentes. Algunos de los temas principales de Lucas son los siguientes:

1. Salvación universal. El plan de Dios para salvar a todos los pueblos era conocido desde los comienzos de Israel como pueblo (Gen 13:2). Todas las comunidades de la tierra recibirían su bendición por medio de los hebreos. Los primeros cristianos, de origen judío, sabían bien esto, pero se preguntaban: ¿Ofrece Dios la salvación en Jesús a todos directamente o debemos convertirlos a través del judaísmo? La cuestión de la salvación universal se había decidido favorablemente para cuando se escribieron los evangelios, por lo que este tema aparece ya en el primero de los evangelios, San Marcos. El pensamiento sobre esta verdad había avanzado en varias direcciones. Lucas parece tener la visión más completa del mensaje de salvación universal. San Mateo, por ejemplo, cuenta la misión de los apóstoles a todas las naciones (Mt 28:19), pero el rechazo de Jesús por los judíos aun pesa en su mente (Mt 27:25). Lucas no tiene esa ansiedad por lo que subraya que Jesús es accesible también a los judíos que se vuelven a él (Hch 3:17-20).

2. Misericordia y perdón. Este tema ha sido mencionado como característico del retrato de Jesús en Lucas. En este evangelio Jesús se preocupa constantemente de ayudar a los pobres, los pecadores, los marginados. Pastores en lugar de Magos vienen al pesebre (2:8-18); recibe a la pecadora arrepentida en casa del fariseo (7:36-50); habla bien de los samaritanos (10:30-37); busca la hospitalidad de un recaudador de impuestos (19:1-10). También es de notar el papel de las mujeres en el Evangelio de Lucas. Las mujeres eran ciudadanos de segunda clase y a veces maltratadas en el mundo de Lucas. Jesús se hace amigo de las mujeres (10:38-42) y acepta su ayuda (8:1-3); ellas no dudaron en su fidelidad a él en su pasión y muerte (23:49; 24:1; Hch 1:14).

3. El gozo. El Evangelio de Lucas irradia el gozo de la salvación. Este gozo nace de la confianza en el amor misericordioso de Dios aparente en la predicación y acción de Jesús descrita en la sección anterior. Los nacimientos de Juan Bautista y de Jesús son anuncios que causan un gran gozo (1:14; 2:10). El arrepentimiento del pecador es fuente de gran alegría en el cielo (15:7-10). El evangelio concluye con los apóstoles que vuelven a Jerusalén gozosos después de la ascensión de Jesús (24:52).

INTRODUCCION

4. El viaje Los tres Evangelios Sinópticos (Mateo, Marcos, Lucas) abren la narración del ministerio público de Jesús con la predicación del Bautista según Isaías: "Preparen el camino del Señor, enderecen sus sendas" (Is 40:3). La misión de Jesús es presentada como continuación y culminación del "camino del Señor" que comenzó cuando Abrahán dejó su patria, continuó con el Exodo de Egipto encabezado por Moisés y con la vuelta de los cautivos de Babilonia. Lucas emplea el tema del viaje, la peregrinación, para organizar la sección central del evangelio (9:51–19:44) en torno al viaje de Jesús de Galilea a Jerusalén.

El Padre guía a Jesús y a la Iglesia lo cual da relieve a la función del Espíritu y al papel de la oración. A Lucas se le llama a veces el "Evangelista del Espíritu Santo" y el "Evangelista de la Oración". La acción del Espíritu comienza ya antes del nacimiento de Jesús (1:35, 67). Jesús es llevado por el Espíritu al desierto (4:1) y al volver anuncia que él es el anunciado sobre quien reposa el Espíritu (4:18). Este tema se refuerza en los Hechos de los Apóstoles donde el Espíritu capacita a los apóstoles para predicar el evangelio (Hch 2:1-17). El Espíritu guía a la Iglesia naciente a decidir cómo ampliar su misión (15:28) y guía también a los misioneros en sus viajes (16:6-7). La oración ofrece el contexto del primer anuncio de la salvación (Lc 1:10). Jesús reza antes de elegir a los Doce (6:12); está orando antes de la transfiguración (9:29) y cuando los discípulos le piden que les enseñe a orar (11:1). La oración caracteriza a la comunidad en los Hechos de los Apóstoles (Hch 1:24; 2:42; 3:1).

5. Vida cristiana moderna. Lucas se propone aplicar las enseñanzas de Jesús a sus lectores que pertenecen a la clase media de una sociedad cosmopolita. Indica que la buena ciudadanía es compatible con el cristianismo. Esto es más evidente en los Hechos de los Apostoles que en el evanglio. Se hace notar la ciudadanía romana de Pablo (Hch 16:37-40; 22:26) y se insiste en su buena conducta ciudadana (Hch 18:14-16). Pero ya en el evangelio, Jesús es presentado como un buen ciudadano que es calumniado con acusaciones falsas (Lc 20:25; 23:2). Su muerte a manos de un magistrado romano se debió a su debilidad ya que no tuvo valor para liberar a Jesús aunque estaba convencido de su inocencia (23:1-25). Si estos buenos ciudadanos fueron perseguidos—Lucas parece sugerir—no hay que sorprenderse si los cristianos son maltratados a causa de Cristo.

Lucas trata repetidamente sobre las posesiones terrenas. En Lucas. Ias bienaventuranzas son fuertes y duras: "Bienaventurados los pobres . . . ¡Ay de vosotros los ricos!" (6:20, 24), pero no hay un simple mensaje de despojo personal. Lo básico es que uno no debe dejarse esclavizar por el apego a las posesiones (12:13-43; 14:25-33); deben emplearse para los demás (18:22). La renuncia incluye hasta las relaciones personales. Ni siquiera la propia familia debe interponerse entre Jesús y el discípulo (14:26).

6. Cumplimiento de las Profecías. La mision salvífica de Jesús se preparó desde antiguo. Lucas ofrece una sorprendente cantidad de material del Antiguo Testamento a sus lectores griegos, aunque no tanto como Mateo. Una de las frases favoritas de Lucas es "debía suceder" (2:49; 4:43; 9:22). La cruz, el camino del sufrimiento, era un enigma para sus lectores griegos; era una vergüenza que el Salvador, el Hijo de Dios y Rey, fuera tratado abominablemente. Lucas repite una y otra vez que el sufrimiento tenía que pasar: era el camino para la gloria (18:31-33; 24:26).

7. Ascensión. Lucas ve la meta de la misión de Jesús en el "ser elevado de este mundo" (9:51; 24:51). La ascensión es parte del evento de la resurrección; es la glorificación de Jesús que ocupa su puesto a la derecha del Padre. La ascensión es crucial en la misión de Jesús, porque sólo a través de su glorificación el Espíritu se da a la Iglesia (Hch 2:33) y la salvación se ofrece a todos los pueblos.

ESQUEMA DEL EVANGELIO

El Evangelio Según San Lucas

Texto y Comentario

PREFACIO

1 ¹Varias personas han tratado de narrar las cosas que pasaron entre nosotros, ²a partir de los datos que nos entregaron aquellos que vieron y fueron testigos desde el principio y que, luego, se han hecho servidores de la Palabra.

³Siendo así, también yo he decidido investigar hasta el origen de esta historia, y componer para ti, excelente Teófilo, un relato ordenado de todo. ⁴Con esto, todas aquellas cosas que te han enseñado cobrarán plena claridad.

PREFACIO

Lucas 1:1-4

El Prefacio de San Lucas es como una nota apegada a un libro manuscrito describiendo el contenido y explicando el por qué se escribió. En este caso el libro no es sólo el evangelio sino también el volúmen que lo acompaña, los Hechos de los Apóstoles. Los Hechos tienen su propio prefacio, también dirigido a Teófilo (probablemente un cristiano importante), y describe su relación con el evangelio (Hch 1:1-3).

Al introducir su libro y dar razón de su trabajo, Lucas nos habla de sí mismo y de los lectores a quien se dirige. Admite que no fue uno de los testigos oculares originales de los hechos y las palabras de Jesús. Lucas es, como sus lectores, un cristiano de la segunda generación. El estilo de griego clásico del prefacio indica que es un convertido de cierta educación, que escribe para otros como él, dispersos por el imperio romano. La historia evangélica ha sido bien difundida por predicadores ambulantes y por las enseñanzas de la comunidad cristiana; para ahora, ha sido propagada ya en forma escrita. Solamente una de las muchas obras escritas anteriormente nos ha llegado en forma completa—el Evangelio de San Marcos que Lucas usa como una de sus fuentes.

Si la historia de Jesús era ya conocida al auditorio de Lucas, ¿qué se iba a ganar repitiéndola? ¿Es que Lucas tiene una interpretación mejor, más información, o nuevas historias que contar? Lucas no quiere atraerse a sus lectores con promesas deslumbrantes; todo su énfasis recae en establecer la credibilidad de la información que ya había recibido. Ha hecho una cuidadosa investigación del evangelio y quiere presentarlo ordenadamente para que no haya lugar a dudas. Había un cierto escepticismo natural sobre la autenticidad de una religión judía en un mundo de griegos, y con el pasar de los años las comunidades cristianas distantes se habían desconectado de sus orígenes palestinenses. Lucas quiere ayudar a sus hermanos y hermanas del mundo griego a trazar sus raíces al Jesús histórico del evangelio y a seguir el crecimiento del cristianismo conforme la Iglesia se va extendiendo desde Jerusalén por el Asia Menor hasta Roma.

PARTE PRIMERA: LOS COMIENZOS

Lucas 1:5–2:52

La narración lucana de la concepción, el nacimiento, y la infancia de Jesús es una de sus mejores creaciones. No hay nada que pueda guiarlo en el Evangelio de Marcos. Mateo tiene su narración de la infancia pero todo indica que San Lucas no la conoció. Mateo y Lucas compusieron sus narraciones independientemente en un tiempo en que la Iglesia reflexionaba más allá del ministerio público de Jesús hasta su entrada en el mundo.

El esquema tradicional de la predicación comenzaba con el bautismo de Jesús; esto aparece en los sermones de Pedro y Pablo en los Hechos de los Apóstoles y en la estructura del Evangelio de Marcos. Las narraciones de la infancia fueron puestas delante de aquel esquema para servir de prólogo a la narración principal. El prólogo anuncia los temas que se van a desarrollar en el resto de la obra. Lucas y Mateo proclaman la buena nueva por adelantado en una especie de minievangelio basado en el nacimiento y la infancia de Jesús. Si se hubiera perdido el evangelio de la infancia de Lucas antes de que se propagara su evangelio, nosotros no conoceríamos su existencia porque en el resto del evangelio no hay referencias claras a estos capítulos. Pero lo contrario no es cierto; hay muchas referencias a lo que vendrá después. Lo que conocemos sobre la infancia de Jesús proviene de las enseñanzas del Jesús adulto y de la reflexión de la Iglesia sobre su vida, muerte, y resurrección. ¿Quién es este niño? Es el Mesías y Señor (Hch 2:36). ¿Qué significa su venida? Que salvará a su pueblo de sus pecados (Lc 24:47). La inteligencia del prólogo dependerá de cómo entienda el lector el resto del libro. Tiene más significado cuando se lee por segunda o tercera vez todo el libro. La infancia crece en significado a medida que la vida, muerte, y resurrección de Jesús resuenan en la fe del lector.

I. NARRACION DE LA INFANCIA

⁵En tiempos de Herodes, rey de Judea, hubo un hombre que se llamaba Zacarías. Era un sacerdote del grupo de Abías. La esposa de Zacarías se llamaba Isabel y era descendiente de una familia de sacerdotes. ⁶Zacarías e Isabel eran personas realmente buenas a los ojos de Dios: vivían de acuerdo a todos los mandamientos y leyes del Señor. ⁷No tenían hijos, porque Isabel no podía tener familia, y ambos eran ya de avanzada edad.

⁸Mientras Zacarías estaba sirviendo en el Templo, delante de Dios, según el orden de su grupo, ⁹echaron suerte según la costumbre, y fue designado para entrar en el santuario del Señor y ofrecerle el incienso de la tarde. ¹⁰Y, mientras el pueblo permanecía afuera en oración, ¹¹se le apareció el ángel del Señor. El ángel estaba de pie a la derecha del altar del incienso. ¹²Zacarías, al verlo, se turbó y tuvo miedo.

¹³El ángel le dijo entonces: ''No temas, Zacarías, porque tu oración ha sido escuchada, y tu esposa Isabel te dará un hijo al que llamarás Juan. ¹⁴Grande será tu felicidad, y muchos se alegrarán con su nacimiento, ¹⁵porque tu hijo ha de ser grande ante el Señor. No beberá vino ni licor, y estará lleno

Lucas y Mateo recalcan el cumplimiento de las promesas del Antiguo Testamento en la historia del origen de Jesús. Mateo lo hace explícitamente con la ''fórmula de cita'' (Mt 1:22-23; 2:15, 17-18), pero Lucas prefiere insinuar el cumplimiento con alusiones veladas. Lucas pone además su sello sobre el material con una sutil organización de la estructura, especialmente, haciendo un paralelo entre el origen de Juan y el de Jesús. Ambos nacimientos son anunciados por el ángel Gabriel y viene como una gran sorpresa para todos, incluidos sus padres. Son circuncidados al octavo día según la ley judía pero sus nombres son dados por el ángel. El padre o la madre interpreta la venida de cada hijo con un cántico. Al comparar a los dos niños, sin embargo, Lucas muestra cuidadosamente la superioridad de Jesús. El arte de Lucas se aprecia también en las dos narraciones de anunciación que siguen el modelo y la forma de las anunciaciones del Antiguo Testamento (Isaac: Gen 17; Sansón: Jue 13):

1. Se aparece un ángel (o Dios mismo)
2. Reacción de temor
3. El ángel da seguridad y anuncia el nacimiento
4. Se plantea una objeción
5. El ángel da una señal

1:5-25: El anuncio del nacimiento de Juan. Lucas comienza la historia de Jesús y de la Iglesia cristiana con la introducción de los padres de Juan Bautista. Hay que notar el comienzo tan judío de este evangelio para los griegos. Zacarías e Isabel salen del corazón del judaísmo. Pertenecen a la tribu sacerdotal, sin tacha en su observancia de la Ley de Moisés. Además, Lucas los relaciona con los antiguos padres hebreos, Abrahán y Sara,

del Espíritu Santo, ya desde el seno de su madre. ¹⁶Hará que muchos hijos de Israel vuelvan al Señor, su Dios, ¹⁷y lo verán caminar delante de Dios con el espíritu y el poder del profeta Elías para reconciliar a los padres con los hijos. Hará que los rebeldes vuelvan a la sabiduría de los buenos, con el fin de preparar al Señor un pueblo bien dispuesto''. ¹⁸Zacarías dijo al ángel: ''¿Cómo puedo creer esto? Yo ya soy viejo y mi eposa también''. ¹⁹El ángel contestó: ''Y yo soy Gabriel, el que está delante de Dios. He sido enviado para hablar contigo y comunicarte esta buena noticia, pero tú no has creído en mis palabras, las cuales se cumplirán a su tiempo. ²⁰Por esto, quedarás mudo hasta el día en que se realice todo esto que te he dicho''.

²¹El pueblo esperaba a Zacarías y se extrañaban porque tardaba tanto en salir del Santuario. ²²Cuando Zacarías salió, por fin, no podía hablarles. Comprendieron, pues, que había tenido alguna visión en el Santuario. El hacía gestos y no conseguía hablar. ²³Al terminar los días de su servicio en el Templo, regresó a su casa. ²⁴Días después, Isabel, su esposa, quedó esperando familia. Durante cinco meses permaneció retirada, pensando: ²⁵''Esta es una bondad del Señor para conmigo: quiso liberarme de esta humillación que llevaba ante todos''.

²⁶En el sexto mes, el ángel Gabriel fue enviado por Dios a una joven virgen ²⁷que vivía en una ciudad de Galilea llamada Nazaret, y que era prometida de José, de la familia de David. Y el nombre de la virgen era María.

que eran de edad avanzada y no tenían hijos pero que creyeron en la sorpresa divina (Gen 17:1-20).

La escena está localizada en el templo de Jerusalén donde se centraban siempre las esperanzas del pueblo de Dios. El Evangelio de Lucas concluirá también en el templo (24:53). El ángel calma los temores de Zacarías y anuncia la promesa: ''Tu esposa Isabel te dará un hijo''. Se le describe como un nazareo ascético (Num 6:1-21) comparable al profeta Elías. La objeción de Zacarías resulta en su pérdida del habla. Quizá la dureza de la señal se debe a que pidió pruebas en lugar de pedir más información, tal como lo hizo María (1:34).

La vuelta de Zacarías a su casa va acompañada de un aura de expectativa entre la gente. Están en marcha sucesos dramáticos de salvación. Juan es concebido según había sido anunciado sin que lo supiera el resto del mundo. Por ahora, solamente una pareja judía anciana sabe que Dios ha comenzado otra de sus intervenciones, la más importante, en la historia de su pueblo.

1:26-38 Anuncio del nacimiento de Jesús. El anuncio del nacimiento de Juan subrayaba la continuidad con la historia hebrea; el nacimiento de Jesús acentúa la novedad radical de la acción salvífica de Dios. La escena pasa de Judea, centro de la vida y religión judía, a Galilea, una provincia despreciada como un reducto judío de segunda clase. El lugar escogido para esta proclamación tan importante sorprende menos que

²⁸Entró el ángel a su presencia y le dijo: ''Alégrate, *llena de gracia;* el Señor está contigo''. ²⁹Estas palabras la impresionaron muchísimo y se preguntaba qué querría decir ese saludo.

³⁰Pero el ángel le dijo: ''No temas, María, porque has encontrado el favor de Dios. ³¹Vas a quedar embarazada y darás a luz a un hijo, al que pondrás el nombre de Jesús.

³²''Será grande, y con razón lo llamarán: Hijo del Altísimo. Dios le dará el trono de David, su antepasado. ³³Gobernará por siempre el pueblo de Jacob y su reinado no terminará jamás''.

³⁴María entonces dijo al ángel: ''¿Cómo podré ser madre si no tengo relación con ningún hombre?''

³⁵Contestó el ángel: ''El Espíritu Santo descenderá sobre ti y el Poder del Altísimo te cubrirá con su sombra; por eso tu hijo será Santo y con razón lo llamarán Hijo de Dios. ³⁶Ahí tienes a tu parienta Isabel: en su vejez ha quedado esperando un hijo, y la que no podía tener familia se encuentra ya en el sexto mes del embarazo; ³⁷*porque para Dios nada es imposible''.*

³⁸Dijo María: ''Yo soy la servidora del Señor; hágase en mí lo que has dicho''. Después de estas palabras el ángel se retiró.

³⁹Por esos días, María partió apresuradamente a una ciudad ubicada en los cerros de Judá. ⁴⁰Entró a la casa de Zacarías y saludó a Isabel. ⁴¹Al oír Isabel su saludo, el niño dio saltos en su vientre. Isabel se llenó del Espíritu Santo ⁴²y exclamó en alta voz: ''¡Bendita eres entre todas las mujeres y ben-

el anuncio mismo. Este niño no solo "sera grande ante el Señor" como Juan (1:15), sino que será llamado ''Hijo del Altísimo''. El nacimiento de Juan fue posible de modo natural por medio de la sanación de la esterilidad; Jesús nacerá de una virgen. Juan será lleno del Espíritu Santo en el vientre de su madre; Jesús será concebido por el poder del Espíritu. Juan será un profeta; Jesús será el Rey definitivo y eterno de Israel.

María se sorprende por el saludo del angel. ¿Por qué es la más favorecida y bendita entre las mujeres? No por algo que haya hecho sino porque Dios la ha escogido para una función especial en su salvación. María responde con la fórmula clásica: ''Yo soy la esclava del Señor''. María es el modelo del discípulo cristiano desde el principio. Su maternidad física era una gracia única, pero su maternidad en el plano espiritual es una compartida por todos los que dan a Dios la misma respuesta que ella dio (8:21). Las implicaciones amplias de la respuesta de María al ángel fueron resumidas concisamente en el Concilio Vaticano II: ''Con el mensaje del ángel, María recibió la palabra de Dios en su corazón y en su cuerpo y trajo la vida al mundo'' (Constitución sobre la Iglesia, 53).

1:39-56 La visita a Isabel. A Zacarías se le prometió que su hijo sería lleno del Espíritu Santo (1:15). Una vez Jesús fue concebido por el Espíritu Santo, el Espíritu pasa a obrar en otros. Juan recibe el Espíritu en la presencia de Jesús; el Espíritu llena a Isabel y más tarde a Zacarías y a Simeón. Esto anuncia la glorificación futura de Jesús que derramará el Espíritu sobre todos (Hch 2:33). La pregunta de Isabel, ''¿Quién soy yo

La iglesia de la Visitación en Ain Karim

Una vista de Ain Karim. "María partió, procediendo de prisa por el país montañoso hacia una ciudad de Judea, donde entró a la casa de Zacarías y saludó a Isabel" (Lc 1:39-40).

Capilla Dominus Flevit en el monte de los Olivos, donde Jesús lloró sobre Jerusalén (Lc 19:41)

Una vista de Jerusalén desde el monte de los Olivos

dito es el fruto de tu vientre! ⁴³¿Cómo he merecido yo que venga a mí la madre de mi Señor? ⁴⁴Apenas llegó tu saludo a mis oídos, el niño saltó de alegría en mis entrañas. ⁴⁵¡Dichosa por haber creído que de cualquier manera se cumplirán las promesas del Señor!''

CANTICO DE MARIA

María dijo entonces:
⁴⁶*Celebra todo mi ser*
la grandeza del Señor
y mi espíritu se alegra
en el Dios que me salva
⁴⁷*porque quiso mirar la condición*
humilde de su esclava,
⁴⁸*en adelante, pues, todos los hombres*
dirán que soy feliz.
⁴⁹En verdad el Todopoderoso
hizo grandes cosas para mí
reconozcan que Santo es su Nombre
⁵⁰*que sus favores alcanzan*
a todos los que le temen

y prosiguen en sus hijos.
⁵¹*Su brazo llevó a cabo hechos heroicos,*
arruinó a los soberbios
con sus maquinaciones.
⁵²*Sacó a los poderosos de sus tronos*
y puso en su lugar a los humildes
⁵³*repletó a los hambrientos*
de todo lo que es bueno
y despidió vacíos a los ricos.
⁵⁴*De la mano tomó a Israel, su siervo*
demostrándole así su misericordia.
⁵⁵*Esta fue la promesa*
que ofreció a nuestros padres
y que reservaba a Abraham
y a sus descendientes para siempre.
⁵⁶María se quedó cerca de tres meses con Isabel, y después volvió a su casa.

⁵⁷Cuando a Isabel le llegó su día, dio a luz a un hijo. ⁵⁸Sus vecinos y parientes supieron que el Señor había manifestado su compasión por ella y la felicitaban. ⁵⁹Y al octavo día vinieron para cumplir con el niño el rito de la circuncisión.

para que venga a mí la madre de mi Señor?'' recuerda las palabras del rey David cuando el Arca de la Alianza era llevada a Jerusalén después de ser capturada por los filisteos: ¿Cómo podrá venir a mí el Arca del Señor? (2 Sam 6:9). El Arca simbolizaba la presencia del Señor Dios de Israel. La visita de María a Isabel santifica su casa con la presencia del Señor.

El cántico de María, tradicionalmente llamado el *Magnificat* por su primera palabra en la traducción latina, es un mosaico de citas del Antiguo Testamento y de alusiones para interpretar la venida de Jesús. El himno sigue el modelo del cántico de Ana, la madre del profeta Samuel, después del nacimiento de su hijo por intervención divina (1 Sam 2:1-10). Ambos cánticos ven las acciones de Dios como parte de un grande y largo proceso de derribar las esperanzas humanas orgullosas y de exaltar a los humildes. María lo llama ''misericordia''. (N.E.: El *Magnificat* es visto por muchos como uno de los documentos más revolucionarios de la historia humana. María, representando a su pueblo, recibe a Dios en su vientre y canta con los oprimidos que ansían la liberación: desea una triple revolución: moral [1:51], social [1:52a], y económica [1:52b].)

1:57-80 El nacimiento de Juan. El padre de Juan, mudo hasta ahora, recobra el habla tan pronto como el nombre escogido por el ángel es im-

LUCAS 1:60-77

60Querían ponerle por nombre Zacarías, por llamarse así su padre, pero la madre dijo: "No, se llamará Juan". **61**Los otros dijeron: "Pero si no hay nadie en tu familia que se llame así". **62**Preguntaron con señas al padre cómo quería que le pusieran. **63**Zacarías entonces pidió una tablilla y escribió: "Su nombre es Juan", por lo que todos quedaron extrañados.

64En ese mismo instante se le soltó la lengua y sus primeras palabras fueron para alabar a Dios. **65**Lo que dejó impresionado a todo el vecindario, y en toda la región montañosa de Judea se comentaban estos acontecimientos. **66**Y al oírlo la gente se ponía a pensar y decía: "¿Qué llegará a ser este niño? ¿No se ve la mano del Señor en él?"

67Y éste es el cántico que Zacarías, lleno del Espíritu Santo, empezó a rezar:

68Bendito el Señor, Dios de Israel,
porque intervino liberando a su pueblo
69y nos ha suscitado un Salvador

de entre los hijos de David
su servidor.
70Así se han realizado sus promesas
hechas en el pasado
por la boca de sus santos profetas
71de salvarnos de nuestros enemigos
y del poder de aquellos que nos odian.
72Así demuestra ahora
la bondad que tuvo con nuestros padres
y así se acuerda de su santa alianza
73pues a Abraham, nuestro padre,
le juró bajo palabra,
que él nos libraría
de las manos de nuestros enemigos
74para que le sirvamos sin temor,
haciéndonos perfectos
75y siendo dignos de él
a lo largo de toda nuestra vida.
76Y tú, pequeño niño,
serás el profeta del Altísimo
pues llegarás primero que el Señor
para prepararle el camino,
77para enseñar a su pueblo
lo que será la salvación
cuando se les perdonen sus pecados.

puesto. La gente se llena de temor—no terror, sino profunda reverencia en presencia de las maravillosas acciones de Dios, como tantas veces sucede en la historia bíblica. No están simplemente sorprendidos, porque se dan cuenta del significado más profundo de los acontecimientos.

El cántico de Zacarías, el *Benedictus*, como el de María, teje citas y temas tradicionales hebreos en un himno de alabanza. Este himno es llamado "profecía" bajo la inspiración del Espíritu Santo. La palabra profecía en este sentido bíblico fundamental no es un anuncio del futuro sino una proclamación del significado divino de los acontecimientos. Zacarías ve en el nacimiento de su hijo que Dios se acuerda de sus promesas a David (2 Sam 7:8-16) y la salvación definitiva de todo el pueblo. En la primera parte del cántico, la salvación esperada suena como la derrota de los enemigos nacionales (una idea del Mesías que molestará a Jesús durante todo su ministerio), pero en los últimos versos la salvación se entiende más profundamente como liberación del pecado (véase Hch 2:38).

Lucas cierra la narración del nacimiento de Juan de modo que aparezca su técnica de mantener la atención del lector sobre un episodio concreto mientras otros sucesos suceden simultáneamente. El versículo 80 presenta a Juan creciendo en el desierto desde la infancia hasta la vida

18

⁷⁸*Todo será por obra*
de la tierna bondad de nuestro Dios
que nos trae del cielo la visita
del Sol que se levanta
⁷⁹*para alumbrar*
a aquellos que se encuentran
entre tinieblas y sombras de muerte
y para guiar nuestros pasos
por el camino de la paz.
⁸⁰Y el niño crecía y su espíritu se fortalecía. Permaneció en el desierto hasta el día en que se presentó a los israelitas.

2 ¹En esos días, el emperador dictó que ordenaba hacer un censo en todo el imperio. ²Este primer censo se hizo cuando Quirino era gobernador de la Siria. ³Todos iban a inscribirse a sus respectivas ciudades. ⁴También José, como era descendiente de David, salió de la ciudad de Nazaret de Galilea y subió a Judea, a la ciudad de David, llamada Belén, ⁵para inscribirse con María, su esposa, que estaba embarazada. ⁶Cuando estaban en Belén, le llegó el

adulta antes de contar el nacimiento de Jesús. Allí deja a Juan hasta su siguiente aparición treinta años más tarde (3:1-3).

2:1-7 El nacimiento de Jesús. La escena cambia de nuevo del desierto de Judea y de las pequeñas aldeas de las colinas de Galilea y Judea para pasar a la amplia arena del imperio romano. Los acontecimientos misteriosos narrados en el capítulo primero, todavía desconocidos, tendrán un gran significado para todo el mundo. El emperador Augusto ordena hacer un censo. José y María, ciudadanos obedientes, viajan a la ciudad ancestral de José.

El censo bajo Quirino ha sido muy discutido. Quirino no gobernó Siria hasta el año A.D. 6; poco después él hizo el censo de Judea que provocó la rebelión de Judas el Galileo (Hch 5:37). Si el nacimiento de Jesús tuvo lugar en tiempo de Herodes el Grande (Lc 1:5), no pudo haber sucedido durante el censo tomado varios años más tarde. Entre las soluciones propuestas, la mejor ve a Lucas asociando varios sucesos que sucedieron más o menos cuando Jesús nació para fijar su contexto en la mente de sus lectores, sin pretender una exactitud histórica absoluta. La fecha exacta de estos acontecimientos remotos de Judea no debía ser demasiado importante para los griegos del imperio sesenta o setena años más tarde. El hecho de que Palestina era parte de la provincia de Siria cuando Jesús nació podía acercar los sucesos a los lectores de Lucas en Antioquía que era el centro de los esfuerzos misioneros de su tiempo.

María da a luz a su ''primogénito''. Esto no quiere decir, como lo hicieron notar los Padres de la iglesia desde el principio, que María hubiera tenido otros hijos. ''Primogénito'' es un título legal para el que tiene una posición y privilegios especiales bajo la Ley mosáica (Dt 21:15-17). La fe cristiana entiende que Jesús es ''el primogénito entre muchos hermanos'' en un sentido espiritual (Rom 8:29). Los pañales y el pesebre muestran la pobreza y humildad del nacimiento de Jesús, aunque también pueden ser una alusión a su realeza. Tendríamos un paralelo con el nacimiento

día en que debía tener su hijo. ⁷Y dio a luz su primogénito, lo envolvió en pañales y lo acostó en una pesebrera, porque no había lugar para ellos en la sala común.

⁸En la región había pastores que vivían en el campo y que por la noche se turnaban para cuidar sus rebaños. ⁹El ángel del Señor se les apareció y los rodeó de claridad la Gloria del Señor, y todo esto les produjo un miedo enorme. ¹⁰Pero el ángel les dijo: ''No teman, porque yo vengo a comunicarles una buena nueva que será motivo de mucha alegría para todo el pueblo. ¹¹Hoy ha nacido para ustedes en la ciudad de David un Salvador que es Cristo Señor. ¹²En esto lo reconocerán: hallarán a un niño recién nacido, envuelto en paña-

les y acostado en una pesebrera''. ¹³De pronto aparecieron otros ángeles y todos alababan a Dios, diciendo: ¹⁴''Gloria a Dios en lo más alto del cielo, y en la tierra, gracia y paz a los hombres''.

¹⁵Después que los ángeles volvieron al cielo, los pastores comenzaron a decirse unos a otros: ''Vamos pues, hasta Belén y veamos lo que ha sucedido y que el Señor nos dio a conocer''.

¹⁶Fueron apresuradamente y hallaron a María, a José y al recién nacido acostado en la pesebrera. ¹⁷Entonces contaron lo que los ángeles les habían dicho de este niño ¹⁸y todos se maravillaron de lo que decían los pastores.

¹⁹María, por su parte, observaba cuidadosamente todos estos acontecimientos y los guardaba en su corazón.

del rey Salomon: ''Fui criado en pañales y rodeado de cuidados. Ningún rey entró en la vida de modo diferente'' (Sab 7:4-5).

2:8-20 Los pastores oyen la buena nueva. El nacimiento humilde del rey se anuncia primero a los humildes. Los pastores eran generalmente pobres y en cierto modo marginados, ya que la gente ''respetable'' los consideraba ignorantes, sucios, y pecadores. Como los odiados recaudadores de impuestos, estos marginados estaban preparados para el evangelio. La aparición del mensajero divino ilumina el cielo (Dt 33:2); temen pero reciben seguridad como María en la anunciación. Es a través de estos sencillos que el mensaje de salvación llega a todo el pueblo de Israel. Los títulos ''Mesías'' y ''Señor'' serán el tema de la predicación inicial (Hch 2:36); aunque se mencionen aquí en el prólogo, estos títulos sólo se entenderán plenamente después de la resurrección y del don del Espíritu.

Los ángeles anuncian la paz como don del favor divino. Augusto era venerado por haber traído paz al imperio el año 29 A.C. después de un siglo de guerras civiles. Pero la Paz Romana era una calma exterior impuesta por el poder militar. La verdadera paz viene con Jesús (Jn 14:27). (N.E.: Para Lucas, el poder humano de Augusto es un simple instrumento en el plan de Dios y los pobres, los pastores son los primeros llamados a ver al rey nacido.) Los pastores van ''apresuradamente'' a Belén deseosos (como María: Lc 1:39) de responder a la noticia de la salvación. Su narración de los sucesos causa una admiración que luego acompañará a la misión de Jesús y a los primeros predicadores del mensaje cristiano (5:26; 8:56; Hch 8:13). A veces esta sorpresa y admiración no produce

²⁰Después los pastores se fueron glorificando y alabando a Dios, porque todo lo que habían visto y oído era tal como se lo habían anunciado.

²¹Al octavo día, circuncidaron al niño según la Ley, y le pusieron el nombre de Jesús, nombre que había indicado el ángel antes que su madre quedara embarazada.

²²Asimismo, cuando llegó el día en que, de acuerdo a la Ley de Moisés, debían cumplir el rito de la purificación de la madre, llevaron al niño a Jerusalén. Allí lo consagraron al Señor, ²³tal como está escrito en la Ley: *Todo varón primogénito será consagrado al Señor.* ²⁴Además

ofrecieron el sacrificio que ordena la Ley: *una pareja de tórtolas o dos pichones.*

²⁵Había en Jerusalén un hombre llamado Simeón, que era muy bueno y piadoso y el Espíritu Santo estaba en él. ²⁶Esperaba los tiempos en que Dios atendiera a Israel y sabía por una revelación del Espíritu Santo que no moriría antes de haber visto al Cristo del Señor.

²⁷Vino, pues, al Templo, inspirado por el Espíritu, cuando sus padres traían al niñito para cumplir con él los mandatos de la Ley. ²⁸Simeón lo tomó en brazos y bendijo a Dios con estas palabras:

resultados, pero los que escuchan a los pastores responden glorificando y alabando a Dios, mientras que María, la ideal receptora del mensaje divino y modelo (después de Jesús) de la oración cristiana (8:21; 11:27-28), medita en su corazón sobre las palabras y las acciones de Dios.

2:21-40 Jesús viene al Templo. Los padres de Jesús obedecieron la ley imperial al nacer Jesús. Ahora obedecen la Ley judía cumpliendo las prescripciones religiosas sobre la circuncisión y la presentación de los primogénitos al Señor. La escena del Templo es un poco confusa porque Lucas ha mezclado dos ceremonias diferentes. El Libro del Exodo mandaba la presentación y la redención de los primogénitos porque estos pertenecían al Señor que los salvó cuando murieron los primogénitos de Egipto (Ex 13:15). El Libro del Levítico describe la purificación ritual de la madre a los cuarenta días de dar a luz (Lev 12:1-8). En esta ocasión la madre debía ofrecer un cordero y una paloma o una tórtola, aunque las parejas pobres podían ofrecer solamente dos pichones o dos palomas. (N.E.: Lucas presenta a Jesús como el pobre entre los pobres que hace la ofrenda de los pobres.)

El énfasis recae menos sobre la purificación de María que sobre la presentación de Jesús en el Templo donde recibirá un reconocimiento más oficial como el Salvador prometido a Israel. El templo simboliza para Lucas la continuidad entre el judaismo y el cristianismo. El primer anuncio del acto definitivo de salvación tiene lugar en el Templo (1:11), Jesús enseña en el Templo (19:47), y los discípulos continúan adorando en el Templo ya entrada la nueva era (24:53; Hch 3:1).

Simeón y Ana son israelitas fieles y humildes que esperan en el Templo la revelación de la salvación divina. Justos y piadosos (cf. 1:6), están abier-

²⁹*Señor, ahora, ya puedes dejar*
que tu servidor muera en paz,
como le has dicho.
³⁰*Porque mis ojos*
han visto a tu Salvador
³¹*que tú preparaste*
para presentarlo a todas las naciones.
³²*Luz para iluminar a todos los pueblos*
y gloria de tu pueblo, Israel.
³³Su padre y su madre estaban maravillados por todo lo que decía Simeón del niño. ³⁴Simeón los felicitó y, después, dijo a María, su madre: ''María, este niño debe ser causa tanto de caída como de resurrección para la gente de Israel. Será puesto como una señal que muchos rechazarán ³⁵y a ti misma una espada te atravesará el alma. Pero en eso los hombres mostrarán claramente lo que sienten en sus corazones''.

³⁶Había también una mujer de edad muy avanzada, llamada Ana, hija de Fanuel, de la tribu de Aser. Tenía ochenta y cuatro años. ³⁷Después de siete años de casada, había perdido muy joven a su marido y, siendo viuda, no se apartaba del Templo, sirviendo día y noche al Señor con ayunos y oraciones. ³⁸Ella también tenía don de profecía. Llegando en ese mismo momento, comenzó a alabar a Dios y a hablar del niño a todos los que esperaban la liberación de Jerusalén.

³⁹Una vez que cumplieron todo lo que ordenaba la Ley del Señor, volvieron a Galilea, a su ciudad de Nazaret. ⁴⁰Y el niño crecía, se desarrollaba y estaba lleno de sabiduría. Y la gracia de Dios estaba en él.

⁴¹Los padres de Jesús iban todos los años a Jerusalén para la fiesta de la Pascua ⁴²y, cuando cumplió doce años, fue también con ellos para cumplir con este precepto. ⁴³Al terminar los días de la Fiesta, mientras ellos regresaban, el niño Jesús se quedó en Jerusalén sin que sus padres lo notaran. ⁴⁴Creyendo que se hallaba en el grupo de los que

tos a la inspiración del Espíritu. Simeón reconoce a Jesús como el Ungido del Señor y en su *Nunc Dimittis* (2:29-32) profetiza que Jesús será ''luz para los pueblos''. Al bendecir a los padres les anuncia que el niño será signo de contradicción y que María será traspasada por una espada. Estas dos frases de Simeón se nos anuncia la universalidad de la salvación proclamada en Jesús y la necesidad del sufrimiento en la misión de este Mesías. La sombra de la cruz cubre a la sagrada familia. Los seguidores de Jesús no se sorprenderán si encuentran el sufrimiento en su seguimiento del evangelio. Hasta las familias y las amistades se romperán según se vayan revelando los corazones; la paz de Jesús no va a encubrir las divisiones secretas (12:51-53).

2:41-52 Jesús en casa de su Padre. El versículo 40 suena como una conclusión que prepara la vida adulta de Jesús. La historia de los orígenes de Jesús parece completarse con la vuelta de la familia a su casa después del nacimiento y del cumplimiento de las prescripciones legales. Pero Lucas ha añadido una historia especial. Sirve para mostrar la sabiduría y la gracia con las que el niño está dotado y pone de manifiesto su misión especial y su destino. Como muchas historias de la niñez de personajes famosos, esta se recuerda porque anticipa en la niñez de Jesús las cualidades que aparecerán en su vida adulta.

partían, caminaron todo un día y, después, se pusieron a buscarlo entre todos sus parientes y conocidos. ⁴⁵Pero, como no lo hallaron, prosiguiendo su búsqueda, volvieron a Jerusalén.

⁴⁶Después de tres días lo hallaron en el templo, sentado en medio de los maestros de la Ley, escuchándolos y haciéndoles preguntas. ⁴⁷Todos los que lo oían quedaban asombrados de su inteligencia y de sus respuestas. ⁴⁸Al encontrarlo, se emocionaron mucho y su madre le dijo: ''Hijo, ¿por qué te has portado así? Tu padre y yo te buscábamos muy preocupados''. ⁴⁹El les contestó: ''¿Y por qué me buscaban? ¿No saben que tengo que estar donde mi Padre?''

⁵⁰Pero ellos no comprendieron lo que les acababa de decir. ⁵¹Volvió con ellos a Nazaret, donde vivió obedeciéndoles. Su madre guardaba fielmente en su corazón todos estos recuerdos.

⁵²Mientras tanto, Jesús crecía en sabiduría, en edad y en gracia, tanto para Dios como para los hombres.

II. PREPARACION PARA EL MINISTERIO PUBLICO

3 ¹Era el año quince del reinado del emperador Tiberio. Poncio Pilato era gobernador de la Judea, Herodes estaba a cargo de la provincia de Galilea, su hermano Filipo a cargo de Iturea y de la Traconítide, y Lisanias a cargo de Abilene. ²Los jefes de los sacerdotes

Jesús y sus padres suben a Jerusalén para la fiesta de Pascua. La siguiente vez que Lucas presente a Jesús subiendo a Jerusalén será para otra Pascua; será su viaje final a Jerusalén en el que la fiesta judía coincidirá con su propia Pascua. Jesús también se perderá por tres días hasta que reaparezca como Señor resucitado, victorioso, y glorioso.

En su presentación Jesús no podía hablar por sí mismo; otros interpretaron su misión y su identidad. Ahora él proclama el significado de su vida. Anuncia la prioridad de Dios en su misión. Su vida tiene un significado que trasciende las relaciones de su familia humana. Así confirma la espada de la profecía de Simeón. La sorpresa de los padres de Jesús es difícil de reconciliar con las revelaciones que rodearon su nacimiento. Esto es indicio de que algunas historias de la infancia fueron originalmente transmitidas independientemente unas de otras. También subraya el hecho de que el pleno conocimiento de la identidad y la misión de Jesús vendrá después de la resurección.

SEGUNDA PARTE: PREPARACION DEL MESIAS

Lucas 3:1–4:13

3:1-6 Juan el precursor. Lucas se esforzó por describir el contexto histórico del nacimiento de Jesús. Tiene un mayor cuidado al poner en escena el comienzo del ministerio de Juan. La primera frase, llena de solemnidad, refleja la antigua tradición que comenzaba la historia evan-

eran Anás y Caifás. Ese fue el momento en que Dios dirigió su palabra a Juan, hijo de Zacarías, que estaba en el desierto.

³Juan empezó a predicar su bautismo por toda la región del río Jordán, diciéndoles que cambiaran su manera de vivir para que se les perdonaran sus pecados. ⁴Así se cumplía lo que está escrito en el libro del profeta Isaías:

Escuchen ese grito en el desierto:
Preparen el camino del Señor, enderecen sus senderos.

⁵*Rellénense todas las quebradas y aplánense todos los cerros. Los caminos con curvas serán enderezados, y los ásperos suavizados.*
⁶*Entonces llegará la salvación de Dios y todo mortal la contemplará.*
⁷Decía, pues, a las multitudes que venían a él de todas partes para que las bautizara:

''Raza de víboras, ¿quién les ha dicho que evitarán el castigo que se acerca? ⁸Muestren los frutos de una sincera conversión, en vez de pensar: ''Nosotros

gélica con el ministerio de Juan en el río Jordán (Mc 1:1-4; Hch 10:37). También cambia el estilo griego. Lucas que ha demostrado su dominio del griego clásico (1:1-4) y ha usado un griego hebreizado para el evangelio de la infancia, en el resto del evangelio usa el estilo griego de los Setenta, la traducción griega más antigua de la biblia.

Después de la muerte de Herodes el Grande, su reino se dividió entre sus hijos en una tetrarquía (cuatro provincias). En el tiempo de que habla Lucas, un procurador romano estaba al frente de la tetrarquía de Judea porque el hijo de Herodes, Arquelao, había sido incapaz de gobernar. El Herodes aquí mencionado es otro hijo, Antipas, del cual Lucas tiene información que no se encuentra en otros lugares (23:7-12; Hch 13:1). Sólamente había un solo sumo sacerdote, Caifás, pero Anás es nombrado porque aun conservaba el titulo y ejercía gran influencia (cf. Hch 4:6).

La vocación de Juan sigue el modelo de los profetas del Antiguo Testamento (cf. Jer 1:2). Es el último profeta del viejo orden y sirve de puente para el nuevo. Prepara el camino del Señor que pasó desde Egipto hasta Israel y que ahora con Jesús lleva el reino mesiánico. El bautismo de Juan era un rito que expresaba el deseo de los hebreos de unirse al movimiento de renovación. Suponía una disposición interior de arrepentimiento sin la cual no había perdón.

Lucas prolonga la cita de Isaías más que Mateo y Marcos (vv. 5-6) para incluir la promesa de salvación universal tan importante para él y para sus lectores gentiles. La confirmación de esta promesa del comienzo de los escritos de Lucas (cf. 2:32) vendrá al final de toda su obra al anunciar San Pablo que la salvación ha llegado realmente a los gentiles (Hch 28:28).

3:7-20 Juan el profeta. El nuevo profeta explica el significado de la penitencia a través de una serie de preguntas (como en Hch 2:37). Palabras y títulos son insuficientes. Un descendiente de Abrahán debe demostrar que lo es con sus obras. Esto se hace de modo especial al compartir con

somos hijos de Abraham''. Porque yo les aseguro que, de estas piedras, Dios puede sacar hijos de Abraham. [9]Ya llega el hacha a la raíz de los árboles; todo árbol que no dé fruto va a ser cortado y echado al fuego''.

[10]La gente le preguntaba: ''¿Qué debemos hacer?'' [11]El les contestaba: ''El que tenga dos capas dé una al que no tiene, y quien tenga qué comer haga lo mismo''. [12]Vinieron también los cobradores de impuestos para que Juan los bautizara. Le dijeron: ''Maestro, ¿qué tenemos que hacer?'' [13]Respondió Juan:

''No cobren más de lo debido''. [14]A su vez unos soldados le preguntaron: ''Y nosotros, ¿qué debemos hacer?'' Juan les contestó: ''No abusen de la gente, no hagan denuncias falsas y conténtense con lo que les pagan''.

[15]El pueblo estaba en la duda y todos se preguntaban interiormente si Juan no sería el Cristo. [16]Por lo que Juan hizo a todos esta declaración: ''Yo los bautizo con agua, pero ya viene el que es más poderoso que yo, al que no soy digno de soltarle los cordones de un zapato; él los bautizará en el Espíritu Santo y

los pobres y en la justicia social. El mensaje de Juan está en línea con el de los profetas que le precedieron.

Dos grupos cuyas profesiones eran cuestionables para los fariseos se le acercan a Juan: los recaudadores de impuestos que se enriquecían sobrecargando a sus compatriotas y los soldados judíos que integraban la fuerza de paz romana. Juan no les exige que dejen su profesión sino que la ejerzan fiel y honradamente. (N.E.: Lucas subraya la dimensión social de la conversión que exige el Bautista: la conversión se manifiesta concretamente en el compartir con los pobres y en la práctica de la justicia.)

La actividad de Juan hace pensar en el Mesías. Desde algunas décadas se vivía a la espectativa; varios profetas falsos y falsos mesías habían aparecido ya (Hch 5:36-37) defraudando a la gente pero aumentando la espectativa. Juan da una respuesta oficial para ''todo'' Israel: ''Va a venir uno más poderoso que yo''. Comparándose con el Mesías, Juan se ve a sí mismo menor que el último esclavo: sólo a un esclavo pagano se le podía exigir el soltar la correa de la sandalia de su amo.

Juan contrasta su bautismo con el de Jesús. El punto no es que un bautismo es con agua y el otro con el Espíritu Santo y con el fuego (la Iglesia primitiva también bautizaba con agua desde el principio), sino que el bautismo de Juan es *sólo* con agua, un rito externo que expresa lo que la persona debe expresar internamente. El bautismo de Jesús será definitivo: será una acción de Dios trayendo salvación (Espíritu Santo) y juicio purificatorio (fuego). La imagen del fuego se amplía con la referencia a la separación del grado de la paja. Se echa el grano mezclado con la paja al aire con una pala y el grano por ser más pesado cae al suelo mientras que la paja se la lleva el viento y luego es quemada (Is 21:10).

Juan invita a Herodes a la penitencia por su matrimonio con Herodías, la esposa de Filipo. Lucas no repite en detalle el matrimonio de

en el fuego. ¹⁷Tiene en la mano la pala para limpiar el trigo en su era y recogerlo después en su granero. Pero la paja, la quemará en el fuego que no se apaga''.

¹⁸Y con muchas otras palabras anunció la Buena Nueva al pueblo, ¹⁹hasta que Herodes lo hizo encarcelar. Pues Juan reprochaba a Herodes que estuviera viviendo con la esposa de su hermano, y además todo el mal que había cometido. ²⁰Herodes no dudó en hacer tomar preso a Juan, con lo que añadió otro crimen a todos los anteriores.

²¹Un día, con el pueblo que venía a bautizarse, se bautizó también Jesús. Y, mientras estaba orando, se abrieron los cielos; ²²el Espíritu Santo bajó sobre él y se manifestó exteriormente con una aparición como de paloma. Y del cielo llegó una voz: ''Tú eres mi Hijo, el Amado; tú eres mi Elegido''.

²³Cuando comenzó Jesús, tenía unos treinta años. Para todos era el hijo de José, hijo de Helí, ²⁴hijo de Mata, hijo de Leví, hijo de Melquí, hijo de Janaí, hijo de José, ²⁵hijo de Matatías, hijo de Amós, hijo de Nahum, hijo de Eslí, hijo de Nagai, ²⁶hijo de Maat, hijo de Matatías, hijo de Semeí, hijo de José, hijo de Judá, ²⁷hijo de Joanan, hijo de Resí, hijo de Zorobabel, hijo de Salatiel, hijo de Nerib, ²⁸hijo de Melquí, hijo de Adí, hijo de Koram, hijo de Elmada, hijo de Er, ²⁹hijo de Jesús, hijo de Eliecer, hijo de Jarim, hijo de Matat, ³⁰hijo de Leví,

Herodes ni su crimen contra Juan. Solamente menciona aquí el encarcelamiento. Más adelante habrá una referencia al martirio de Juan después del suceso (9:9). Gracias a la narración de Marcos los detalles debían ser bien conocidos por lo que Lucas no ha querido repetir la historia.

3:21-38 Hijo de Dios e Hijo del Hombre. Jesús se une a la peregrinación al Jordán para ser bautizado por Juan. Este bautismo es ocasión de su unción como Mesías (Hch 10:38). Lucas lo presenta como el último bautizado por Juan, llevando a su cumbre el ministerio bautismal de Juan. Allí comienza la nueva era. Se abren los cielos indicando una visita de Dios con una revelación para su pueblo (Is 63:19). El Espíritu Santo desciende sobre Jesús para residir en él ''corporalmente'', según el texto griego. Una voz del cielo identifica a Jesús como el esperado Ungido con las palabras del salmo 2: ''Tú eres mi Hijo'', combinadas con una alusión a Isaías 42:1 en la que el Siervo de Dios es llamado ''mi escogido en el cual me complazco''. Jesús es el Mesías esperado pero su realeza no se mostrará en pompa y poder; su misión será un sacrificio humilde.

Lucas espera hasta este punto para incluir la genealogía de Jesús mientras que Mateo comienza su libro con ella. Lucas la pone aquí para subrayar la importancia dramática de la unción con el Espíritu en el Jordán y del comienzo del ministerio público de Jesús.

Las diferencias entre las listas de Mateo y Lucas son muchas; algunas tienen buena explicación mientras que otras son aún discutidas. Mateo ve los antepasados de Jesús desde Abrahán mientras que Lucas nos lleva hasta Adán. Esto está de acuerdo con la finalidad de cada evangelista: Mateo se interesa en las credenciales judías de Jesús ya que sus lectores

LUCAS 3:31–4:4

hijo de Simeón, hijo de Judá, hijo de José, hijo de Jonán, hijo de Eliaquim, ³¹hijo de Melea, hijo de Mená, hijo de Matatá, hijo de Natán, ³²hijo de David, hijo de Jesé, hijo de Obed, hijo de Booz, hijo de Salomón, hijo de najasón, ³³hijo de Aminadab, hijo de Admín, hijo de Arní, hijo de Esrón, hijo de Farés, hijo de Judá, ³⁴hijo de Jacob, hijo de Isaac, hijo de Abraham, hijo de Tera, hijo de Najor, ³⁵hijo de Seruc, hijo de Ragan, hijo de Falec, hijo de Eber, hijo de Sala, ³⁶hijo de Cainam, hijo de Arfaxad, hijo de Sem, hijo de Noé, hijo de Lamec, ³⁷hijo de Matusalén, hijo de Enoc, hijo de Jared, hijo de Malaleel, hijo de Cainam, ³⁸hijo de Enos, hijo de Set, hijo de Adán, hijo de Dios.

4 ¹Jesús, lleno del Espíritu Santo, volvió de las orillas del Jordán y se dejó guiar por el Espíritu a través del desierto, ²donde estuvo cuarenta días y fue tentado por el diablo. En todos esos días no comió nada, y al fin tuvo hambre.

³El diablo le dijo entonces: "Si eres Hijo de Dios, manda a esta piedra que se convierta en pan". ⁴Pero Jesús le contestó: "Dice la Escritura: *El hombre no vive solamente de pan*".

son de origen judío; Lucas que escribe para los gentiles quiere mostrar desde el principio que Jesús trae la salvación a todos los hijos de Adán. Lucas no menciona a María aunque recuerda la concepción virginal (v. 23). Ambas genealogías dan los antepasados de José, el padre legal de Jesús. La vaga referencia del versículo 23 a "unos treinta años" es una de las pocas referencias a la edad de Jesús en su ministerio (cf. Jn 2:20). Muchos de los detalles biográficos que nos parecen interesantes carecían de importancia para los predicadores y escritores del Nuevo Testamento; les interesaba más presentar el significado de la personalidad de Jesús que una colección de datos sobre él.

4:1-13 La tentación en el desierto. Antes de lanzarse a su ministerio de predicación y sanación, Jesús es conducido por el Espíritu al desierto de Judea para un período de preparación de cuarenta días. El desierto de Palestina no es una aridez arenosa como el Sahara. Hay areas muy áridas alrededor del Mar Muerto, pero la mayor parte del desierto es semiárida, con alguna vegetación especialmente en invierno. Se creía que el desierto era la residencia de los demonios (Is 13:21; 34:14); no sorprende que Jesús encontrara allí al demonio. La estancia de Jesús en el desierto durante cuarenta días debe recordar los cuarenta años de peregrinación por el desierto de Israel después del Exodo. El discurso de Esteban en los Hechos de los Apóstoles describe esos años como tiempo de prueba y fracaso del pueblo de Dios (Hch 7:39-43). Jesús es también tentado en el desierto pero permanece fiel.

La narración de Marcos sólo dice que Jesús fue tentado; Mateo y Lucas describen las tentaciones. Estas son como las tentaciones que Jesús tuvo durante su vida y como las que los cristianos tendrán. En la primera y tercera tentación el demonio llama a Jesús Hijo de Dios y trata de des-

⁵Después, el diablo lo llevó a un lugar más alto; en un instante le mostró todas las naciones del mundo, ⁶y le dijo: "Te daré poder sobre estos pueblos y te entregaré sus riquezas, porque me han sido entregadas y las doy a quien quiero. ⁷Todo será tuyo si te arrodillas delante de mí". ⁸Pero Jesús le replicó: "La Escritura dice: *Adorarás al Señor, tu Dios, y a El solo servirás*".

⁹Entonces, lo llevó el diablo a Jerusalén, lo puso sobre la parte más alta del Templo y le dijo: "Si tú eres Hijo de Dios, tírate de aquí para abajo; ¹⁰porque dice la Escritura: *Dios ordenará a sus ángeles que te protejan.* ¹¹*Ellos te llevarán en sus manos para que no tropiecen tus pies en alguna piedra*". ¹²Pero Jesús le replicó: "Dice la Escritura: *No tentarás al Señor tu Dios*".

¹³Habiendo agotado todas las formas de tentación, el diablo se alejó de él, para volver en el momento oportuno.

viarlo del camino de la obediencia filial al Padre. Jesús es tentado a cambiar las piedras en pan, esto es, a usar su poder para sus propios fines en lugar de ser el Mesías tal como el Padre lo ha planeado; es además tentado a comprobar la palabra del Padre en vez de ir adelante en su misión en manos de la fe. La segunda tentación trata de hacer a Jesús dar a otro la lealtad que se debe sólo a Dios. El demonio dice que el poder y la gloria le pertenecen; es un mentiroso y no hay que hacerle caso, pero muchos antes y después de Jesús han caído en esta tentación. (N.E.: Las tentaciones de Jesús recuerdan las de Israel: hay alusión al milagro del maná, el pan del cielo, y a la visión de la tierra prometida que Moisés tuvo antes de morir. Lucas repite la palabra "poder" tres veces, ya que la tentación básica está en el uso de los "poderes" que Dios da; en tiempo de Lucas el poder se usaba para oprimir en lugar de servir a los demás.)

Jesús responde a las tres tentaciones con la palabra de Dios de las Escrituras citando el libro del Deuteronomio que describía la apostasía de Israel en el desierto (Dt 8:3; 6:13-16). El demonio llega hasta a citar las Escrituras, pero Jesús rechaza rápidamente el dasafío de su fidelidad al Padre. La Escritura no tiene más autoridad que cualquier otro libro si no se interpreta correctamente. La segunda y tercera tentación están traspuestas, aunque ambos Mateo y Lucas usaron la misma fuente escrita. Lucas probablemente cambió el orden de las escenas para colocar la última en Jerusalén, ciudad que es para el foco y cumbre del ministerio de Jesús y de la vida de la Iglesia primitiva (Lc 9:51; Hch 1:4). La historia se cierra con el demonio esperando otra oportunidad para tentarle. El lector reconocerá ese momento al comienzo de la historia de la pasión (22:3).

III. EL MINISTERIO EN GALILEA

[14]Jesús volvió a Galilea con el Poder del Espíritu, y su fama corrió por toda la región. [15]Enseñaba en las sinagogas de los judíos y todos lo alababan.

[16]Llegó a Nazaret, donde se había criado, y, según acostumbraba, fue el sábado a la sinagoga. Cuando se levantó para hacer la lectura, [17]le pasaron el libro del profeta Isaías; desenrolló el libro y halló el pasaje en que se lee:

[18]*El Espíritu del Señor está sobre mí. El me ha ungido para traer Buenas Nuevas a los pobres, para anunciar a los cautivos su libertad y a los ciegos que pronto van a ver. A despedir libres a los oprimidos* [19]*y a proclamar el año de la gracia del Señor.*

[20]Jesús, entonces, enrolla el libro, lo devuelve al ayudante y se sienta. Y todos los presentes tenían los ojos fijos en él. [21]Empezó a decirles: "Hoy se cumplen estas profecías que acaban de escuchar".

[22]Todos lo aprobaban, muy admirados de esta proclamación de la gracia de Dios. Sin embargo, se preguntaban

TERCERA PARTE: EL MINISTERIO EN GALILEA

Lucas 4:14–9:50

Jesús vuelve a Galilea fortalecido con su victoria sobre el demonio. Esta sección presenta los primeros días del ministerio de Jesús, predicando y sanando en su tierra natal antes de hacer el viaje definitivo hacia Jerusalén (9:51) y su pasión, muerte, y resurrección.

4:14-30 Aclamado y rechazado. La narración de la vuelta de Jesús a su pueblo natal es un compendio de todo el evangelio. Jesús es inicialmente aclamado pero luego, por envidia y sospechas, su pueblo busca su muerte. Como judío practicante, Jesús solía ir a la sinagoga. En los servicios del Sábado se hacían dos lecturas, una del Pentateuco (los cinco primeros libros de la biblia) y otra de los profetas. Jesús se hizo cargo de la segunda lectura, probablemente de acuerdo a un plan, abriendo el rollo de Isaías (61:1-2) y leyendo la promesa de la restauración de Israel. El contexto original es el de la unción de un profeta, pero Jesús lo aplica a la figura del Mesías prometido, el rey ungido. El es el portador del Espíritu prometido por Isaías (Is 11:2), el Profeta y Mesías que inaugurará la nueva era de libertad y favor divino.

Hay un aire de expectativa (como antes del bautismo en 3:15) cuando Jesús se sienta para interpretar la lectura (los maestros de la sinagoga podían hablar sentados o de pie). Jesús anuncia que ha llegado el día del cumplimiento. El "hoy" de que habla Jesús es el primer día del "año de gracia". Ese día se fue desarrollando hasta la meta de la glorificación de Jesús (ascensión), cuando se convirtió en el día eterno de la salvación. Los oyentes estaban impresionados por su predicación, pero meten una nota discordante: "¿No es éste el hijo de José?" En la narración de Marcos

extrañados: ''¿No es éste el hijo de José?'' ²³Y él les contestó: ''Seguramente ustedes me van a recordar el dicho: Médico, sánate a ti mismo. Haz aquí, en tu patria, lo que nos cuenta que hiciste en Cafarnaún''.

²⁴Jesús añadió: ''Ningún profeta es bien recibido en su patria. ²⁵Créanme que había más de una viuda en Israel en los tiempos de Elías, cuando durante tres años y medio el cielo no dio lluvia, y un hambre grande azotó a todo el país. ²⁶Sin embargo, a ninguna de ellas fue enviado Elías, sino a una viuda que vivía en Sarepta en tierras de Sidón. ²⁷Había también más de un leproso en Israel en tiempos del profeta Eliseo; con todo, ninguno de ellos fue sanado, sino Naamán, el sirio''.

²⁸Al oír estas palabras, todos en la sinagoga se indignaron. ²⁹Se levantaron y lo arrastraron fuera de la ciudad, llevándolo hasta un barranco del cerro en el que está construida la ciudad, para arrojarlo desde ahí. ³⁰Pero él, pasando en medio de ellos, siguió su camino.

³¹Jesús bajó a Cafarnaún, ciudad de Galilea. Ahí estuvo enseñando los días sábados, ³²y todos se admiraban de su modo de enseñar, porque hablaba con autoridad.

³³En la sinagoga había un hombre endemoniado que se puso a gritar: ³⁴''¿Qué quieres, Jesús nazareno? ¿Has venido a derrocarnos? Yo sé quién eres: el Santo de Dios''. ³⁵Pero Jesús amenazó al demonio y le ordenó: ''Cállate y sal de este hombre''. El demonio sa-

de la visita a Nazaret, se describe más claramente la atmósfera de sospecha (Mc 6:2-3). Lucas ha cambiado la cronología de Marcos poniendo esta historia al comienzo del ministerio de Galilea; por ello, la mención de lo que Jesús ha hecho ya en Cafarnaún está fuera de lugar.

Jesús se compara con los dos grandes profetas del antiguo Israel, haciendo notar que ellos sirvieron a los gentiles porque su propio pueblo no se abrió a su ministerio. La implicación es que él también como profeta no recibido entre los suyos llevará su mensaje a los de fuera. Esta perspectiva amenaza a sus oyentes y les vienen pensamientos de muerte. Pablo pasará el mismo juicio sobre Israel con resultados parecidos (Hch 22:21). La hostilidad no vence a Jesús porque tiene que cumplir su misión de acuerdo con el plan de Dios. En el acto decisivo de rechazo que resultará en su muerte, Jesús parecerá ser vencido pero será el vencedor (Lc 24:26).

4:31-44 Una jornada en Cafarnaún. Jesús va a Cafarnaún, ciudad situada en la costa norte del Lago de Galilea, y que se convierte en su cuartel general de su ministerio de Galilea. Siguiendo a Marcos, Lucas presenta un día típico de la vida de Jesús, un sábado en Cafarnaún. Jesús se presenta en la sinagoga como portavoz autorizado de Dios, y ataca oficialmente el poder de Satanás. El espíritu impuro reconoce la clase de desafío que se le presenta: ''¿Has venido a destruirnos?'' Jesús no le permite hablar al demonio probablemente para mostrar su poder sobre el mundo de los espíritus, aunque posiblemente San Lucas piensa en el ''secreto

lió del hombre lanzándolo al suelo, pero sin hacerle ningún daño. ³⁶Y todos comentaban, muy impresionados: ''¡Qué modo de hablar! ¿Con qué poder manda a los demonios y los hace salir?'' ³⁷Y su fama se propagaba por todas partes en la región. ³⁸Jesús salió de la sinagoga y entró en la casa de Simón. La suegra de Simón tenía mucha fiebre, y le rogaron por ella. ³⁹Jesús se inclinó hacía ella y con tono dominante mandó a la fiebre, y ésta desapareció. Al instante se levantó, y se puso a atenderlos. ⁴⁰Al ponerse el sol, todos los que tenían enfermos de diversos males se los traían; él les imponía las manos a cada uno y los sanaba. ⁴¹También hizo salir demonios de varias personas. Estos gritaban: ''Tú eres el Hijo de Dios''. Pero él, en tono amenazador, les impedía hablar, porque sabían que él era el Cristo.

⁴²Cuando amaneció, salió Jesús y se fue a un lugar solitario. La gente se puso a buscarlo y llegaron hasta el lugar donde estaba. Le insistían para que no se fuera de su pueblo. ⁴³Pero él les dijo: ''Debo anunciar también a las otras ciudades la Buena Nueva del Reino de Dios, porque para eso fui enviado''.

⁴⁴E iba predicando en las sinagogas de Judea.

mesiánico'', un tema desarrollado por Marcos (Mc 5:43). Jesús no quiere que su identidad sea conocida antes de que dé su verdadero significado al título de Mesías. La gente se admira de sus palabras y acciones que rezuman de autoridad divina. La admiración no lleva necesariamente a la fe (Lc 4:22; 5:26).

De la sinagoga Jesús va a la casa de Simón para la comida principal del sábado. Simón Pedro era bien conocido en la tradición cristiana por lo que Lucas no lo introduce a sus lectores. Jesús encuentra a la suegra de Simón con fiebre a la que Jesús increpa como lo había hecho antes con el demonio. Jesús ha venido a liberar a las personas de todo lo que las ata, demonios, enfermedades, y condiciones que las tienen prisioneras. Los versículos 40-41 indican que las acciones misericordiosas de Jesús con el endemoniado y con la suegra de Simón son ejemplos dramáticos tomados de la vida diaria de Jesús. La evidencia se amontona de modo que los demonios no necesitan adivinar quién es Jesús, pero él les obliga a callar.

La recepción de Jesús en Cafarnaún es lo opuesto a la de Nazaret. La gente quiere retenerlo. Esto es una manera de aprisionarlo por lo que Jesús se escapa de estos amigos como se había escapado antes de sus enemigos. Jesús no se deja atar a un grupo o lugar—ha sido enviado para todos. Al mencionar las ''sinagogas de *Judea*'' Lucas usa Judea refiriéndose a todas la Palestina sin especificar la región del país, aunque en este tiempo la misión de Jesús se limitaba a Galilea, en el norte. Implícitamente ofrece la salvación a toda la nación.

5 ¹Cierto día era mucha la gente que se apretaba junto a él para escuchar la palabra de Dios, y él estaba de pie a la orilla del lago de Genesaret. ²Vio dos barcas amarradas al borde del lago. Los pescadores habían bajado y lavaban las redes. ³Subió a una de las barcas, que era la de Simón, y le pidió a éste que se apartara un poco de la orilla; luego se sentó en la barca y empezó a enseñar a la multitud.

⁴Cuando terminó de hablar, dijo a Simón: "Lleva la barca a la parte más honda y echa las redes para pescar". ⁵Simón respondió: "Maestro, hemos trabajado toda la noche sin pescar nada, pero, si tú lo mandas, echaré las redes". ⁶Así lo hicieron, y pescaron tantos peces que las redes estaban por romperse. ⁷Pidieron por señas a sus compañeros que estaban en la otra barca que vinieran a ayudarlos; llegaron, pues, y llenaron tanto las dos barcas, que por poco se hundían. ⁸Al ver esto, Simón Pedro se arrodilló ante Jesús, diciendo: "Señor, apártate de mí, porque soy un pecador". ⁹Pues tanto él como sus ayudantes estaban muy asustados por la pesca que acababan de hacer. ¹⁰Lo mismo les pasaba a Santiago y a Juan, hijos de Zebedeo, compañeros de Simón.

5:1-11 Jesús llama a los pescadores. Jesús continúa su ministerio por la región alrededor del lago que aquí se llama Genesaret por el nombre de la llanura fértil de su costa noroeste. La predicación de Jesús es llamada por primera vez "Palabra de Dios". La Palabra será fuente de vida para los que la reciban con fe (8:21; 11:28); el ministerio de esta Palabra continuará en la Iglesia (Hch 4:31; 6:2). La introducción de este término al comienzo del episodio indica que la vocación de los pescadores y su respuesta es debida a la eficacia de la palabra proclamada.

En la versión de Marcos de la vocación de los primeros discípulos (Mc 1:16-20), la escena abarca a dos pares de hermanos. Aquí el énfasis recae sobre Simón, con sus compañeros en el fondo (Andrés ni siquiera es mencionado por su nombre). Jesús parece estar familiarizado con este grupo y ellos lo conocen (cf. 4:38; Jn 1:35-42). Mientras los pescadores hacen su labor matutina de limpiar las redes y de colgarlas a secar, Jesús usa la barca de Pedro para alejarse un tanto de la gente para predicar. El agua ayudaría a llevar el sonido de su voz. En el versículo 4 la multitud desaparece y el resto de la escena es un diálogo entre Jesús y Simón.

Simón es llamado a la obediencia de la fe. No fue la razón lo que hizo que éste echara de nuevo las redes al agua a instigación del carpintero del interior montuoso. La pesca se hacía mejor de noche; si no habían cogido nada entonces, era inútil el tratar de hacerlo de día. Pero Simón puso su confianza en Jesús: "Si tú lo dices, echaré las redes". El resultado es la pesca maravillosa.

Ahora Simón, por primera vez, es llamado Pedro, "la roca", nombre que tendrá como jefe de la Iglesia. Sus ojos se le abren por este acto de fe y cae a los pies de Jesús. Pedro es el primero que llama a Jesús "Se-

Pero Jesús dijo a Simón: "No temas, de hoy en adelante serás pescador de hombres". [11]Entonces llevaron sus barcas a tierra, lo dejaron todo, y siguieron a Jesús.

[12]Estando Jesús en una de esas ciudades, se presentó un hombre cubierto de lepra. Apenas vio a Jesús, se postró con la cara en tierra y le hizo esta súplica: "Señor, si quieres puedes limpiarme".

[13]Jesús extendió la mano y lo tocó, diciendo: "Lo quiero, queda limpio". [14]Al instante sanó de la lepra. Pero Jesús le mandó que no lo dijera a nadie: "Anda más bien a presentarte al sacerdote, y lleva la ofrenda tal como lo mandó Moisés cuando un leproso sana. Así comprobarán lo sucedido".

[15]Su fama crecía más y más, y muchas personas acudían a oírlo, y para que los

ñor" (ya no "Maestro": v. 5). Ahora nos damos cuenta de que la historia ha sido más que la llamada de los pescadores discípulos. Desde los primeros tiempos la Iglesia se ha visto a sí misma como la "barca de Pedro" en la que se prueba la fe en Jesús (Mc 4:35-41; Mt 8:23-27). Jesús escoge la barca de Pedro, lo envía a alta mar, y le pide una decisión de pura fe. La fe de la respuesta de Simón es lo que le hace roca sobre la cual se edifica la Iglesia (Mt 16:18).

Pedro se da cuenta de la distancia entre el pecador y Jesús el Señor. Su reacción natural es sentirse indigno. La santidad divina es demasiado para el ser humano (Ex 20:19). Pero Jesús no ha venido a alejar a los pecadores de su presencia. El asocia a los pecadores consigo en su ministerio con tal de que pongan su confianza en él. Deben dejarlo *todo* (énfasis de Lucas: 5:28) y seguirle. Las tres narraciones siguientes muestran a Jesús "pescando" hombres, mezclándose con marginados y pecadores.

5:12-16 Un leproso viene a Jesús. Los leprosos eran totalmente aislados en tiempo de Jesús. Eran considerados una amenaza para la sociedad. Jesús muestra su habilidad para deshacerse de las prohibiciones sociales y ayudar a los marginados. "Lepra" era una palabra que cubría muchas enfermedades y no sólo la enfermedad de Hansen. Era considerada muy difícil de curar; por ello, la petición del hombre revela la fuerza de su fe en Jesús. Cuando se curaba una enfermedad de este tipo, la persona sanada tenía que ir a los sacerdotes que la examinaban como encargados de proteger los intereses de la sociedad. La enfermedad impedía la participación en la litúrgia pública. Las reglas para examinar y purificar la lepra (lo prescrito por Moisés) se encuentra en el Levítico (cc. 13-14).

Jesús no se queda a distancia temiendo contaminarse; toca al enfermo. El tocar para sanar era característico de su ministerio de sanación (4:40). A pesar de su instrucción de mantener el secreto, su fama se extiende. Multitudes vienen, como la gente acostumbra, a oír la Palabra de Dios y a ser curados. Jesús no deja que las ocupaciones de su misión interfieran con su comunión con el Padre. Toma tiempo para apartarse para

sanara de sus enfermedades. [16]Pero él buscaba siempre lugares tranquilos y allí se ponía a orar.

[17]Un día en que Jesús estaba enseñando, se sentaron entre los oyentes unos fariseos y maestros de la Ley que habían venido de toda la provincia de Galilea, y también de Judea y Jerusalén. El poder del Señor se manifestaba ante ellos realizando curaciones. [18]En este momento llegaron unos hombres que traían en su camilla a un enfermo paralítico. Buscaban cómo entrar en la casa y colocarlo delante de Jesús, [19]pero era tanta la gente que no sabían por dónde entrar. Subieron al tejado, quitaron tejas y bajaron al enfermo en su camilla en medio de la gente, frente a Jesús.

[20]Viendo Jesús la fe de ellos, dijo: ''Amigo, tus pecados te son perdonados''. [21]De inmediato los maestros de la Ley y los fariseos se ofendieron y pensaron: ''¿Cómo este hombre puede hablar en forma tan escandalosa? ¿Quién puede perdonar los pecados sino sólo Dios?''

[22]Pero Jesús se dio cuenta de sus pensamientos y les hizo esta pregunta: [23]''¿Por qué piensan así? ¿Qué es más fácil decir: tus pecados son perdonados,

orar. Quizás su fama le podía tentar a seguir sus planes personales (4:1-12). Sentía la necesidad de la oración para mantener el enfoque de su ministerio.

5:17-26 Sanación de un paralítico. Antes ya surgió la pregunta sobre la naturaleza y la fuente de la autoridad de Jesús (4:22, 32, 36). Jesús muestra su autoridad ante los líderes judíos de todo el país. Este es el primero de cuatro conflictos que llevan a un complot desesperado (6:11). Unos hombres (cuatro, según Mc 2:3) han oído del poder sanador de Jesús quieren llevar a su amigo paralítico para aprovechar la oportunidad. Su interés por su amigo y su fe en Jesús es evidente por el esfuerzo que hacen. Suben al tejado (probablemente por una escalera exterior) llevando al hombre en su camilla. Los tejados solían estar hechos o con tejas o con barro. El hombre es bajado ante Jesús en medio de las protestas de la gente. Marcos y Lucas mencionan que fue la fe de los hombres la que motivó la frase absolutaria de Jesús. La fe había sido decisiva en las dos narraciones precedentes. Aquí, la unica vez en el evangelio, un adulto es curado a causa de la fe de otros—un testimonio fuerte de los lazos que la fe establece entre los seguidores de Jesús.

El paralítico y los que lo llevaban probablemente se quedaron sorprendidos más por el perdón de los pecados que Jesús dió que por la misma sanación física. Esto sorprende también a los escribas y fariseos que correctamente creen que el perdón de los pecados está en las manos de Dios. Jesús ha venido con una oferta de salvación total y no simplemente superficial. Ha hecho una sanación interior y ahora curará el cuerpo del hombre. Pero usa la ocasión para mostrar su poder para perdonar pecados y sanar enfermedades corporales y para identificar la fuente de su autoridad. Es el ''Hijo del Hombre'': este título tiene como referencia prin-

o levántate y anda? ²⁴Sepan, pues, que el Hijo del Hombre tiene poder en la tierra para perdonar los pecados''.

Entonces Jesús dijo al paralítico: ''Te lo ordeno, levántate, toma tu camilla y vuélvete a tu casa''. ²⁵Y en el mismo instante, se levantó el hombre a la vista de todos, tomó la camilla en que estaba tendido y se fue dando gloria a Dios.

²⁶Todos quedaron atónitos y alabaron a Dios. El temor de Dios estaba en todos, pues decían: ''Hoy hemos visto cosas increíbles''.

²⁷Al salir, Jesús vio a un cobrador de impuestos llamado Leví, sentado en su puesto donde cobraba. Jesús le dijo: ''Sígueme'', ²⁸y Leví, dejándolo todo, se levantó y lo siguió.

²⁹Después Leví le ofreció un gran banquete en su casa y con ellos se sentaron en la mesa un gran número de cobradores de impuestos y de toda clase de personas. ³⁰Los fariseos y los maestros de la Ley criticaban y decían a los discípulos de Jesús: ''¿Por qué ustedes comen y beben con los cobradores de impuestos y con personas malas?''

³¹Pero Jesús tomó la palabra y les dijo: ''No son las personas sanas las que necesitan médico, sino las enfermas. ³²He venido, no para llamar a los buenos, sino para invitar a los pecadores a que se arrepientan''.

cipal el libro de Daniel, donde el Hijo del Hombre recibe poder y realeza. Jesús usa este título para describir su autoridad ahora y en el tiempo del juicio (6:5; 9:26; 12:8). La reacción ante el suceso es de admiración y hasta de alabanza de Dios, por el sanado y por los que lo presencian.

5:27-32 Jesús llama a un recaudador de impuestos. La actitud de Jesús hacia los pecadores se vió en el diálogo de Jesús con Pedro (vv. 8-10). Ahora, después de la sanación de un pecador, se presenta más claramente la postura de Jesús frente a los pecadores. Los recaudadores de impuestos eran considerados pecadores por la falta de honradez asociada con su profesión. Jesús no habla a Leví en privado sino que le habla en medio de sus negocios y va a un banquete público en el que ''una gran multitud'' de recaudadores y amigos asisten. En su crítica, los fariseos asocian a los recaudadores con los que no observan la Ley. Subrayan la falta de propiedad del compartir alimentos con esa gente que además de ser pecadores tenía contacto con los gentiles y eran ritualmente impuros. Jesús usa un refrán para explicar su actitud: ha venido para ayudar a los necesitados y se acercará a ellos. Los que no vean su propia necesidad no están preparados para el médico.

Esta narración quizás se escribió para guiar las relaciones en la Iglesia primitiva. El tema de la predicación a los gentiles y del comer con ellos es importante en los Hechos de los Apóstoles (Hch 10:28; 11:3). Los ejemplos de Jesús invitaban a pasar las fronteras del ministerio tradicional. La historia mostraba que un pecador impuro público podía responder a la predicación de Jesús con la misma generosidad que los primeros discípulos (5:11, 28).

³³Ellos le dijeron también: "Los discípulos de Juan ayunan a menudo y hacen oraciones, lo mismo que los discípulos de los fariseos, y los tuyos ¿por qué comen y beben?" ³⁴Jesús les respondió: "¿Pueden ustedes obligar a los compañeros del novio a que ayunen mientras el novio está con ellos? ³⁵Llegará el momento en que el novio les será quitado, entonces ayunarán". ³⁶Y les dijo además esta comparación: "Nadie saca un pedazo de un vestido nuevo para remendar uno viejo. Porque de ese modo el nuevo queda roto y el pedazo nuevo no le vendrá al vestido viejo. ³⁷Nadie echa tampoco vino nuevo en vasijas viejas; porque, de lo contrario, el vino nuevo romperá las vasijas, y así se derramará el vino y se perderán las vasijas. ³⁸El vino nuevo, hay que ponerlo en vasijas nuevas. ³⁹Y nadie, después de haber bebido vino añejo, quiere del nuevo, porque dice: Es mejor el añejo".

6 ¹Un sábado en que Jesús atravesaba unos sembrados, sus discípulos arrancaban espigas, las restregaban con sus manos y se las comían. ²Al verlo,

5:33-39 Lo viejo y lo nuevo. Estos versículos tratan de las diferencias entre el cristianismo y el judaísmo, comenzando con las costumbres del tiempo de Jesús. Los fariseos ayunaban los lunes y los jueves (cf. 18:12) y en los días prescritos legalmente; Juan Bautista animaba también a ayunar. El desafío a Jesús sirve de introducción a la frase sobre el novio más que para ofrecer una posición cristiana frente al ayuno (y la oración). Jesús tenía gran libertad ante esas cuestiones (cf. 7:34) pero no despreciaba el ayuno (Mt 6:16-18). En los Hechos de los Apóstoles los cristianos oraban y ayunaban con regularidad (Hch 2:42; 13:3; 14:23).

Jesús compara el tiempo de su ministerio a una boda sugiriendo que es la anticipación del banquete mesiánico. El ayunar como señal de dolor está fuera de lugar. Hay una alusión a la pasión en la mención de la ausencia del esposo. Los discípulos de Jesús lloraron a su tiempo (24:17-38) antes de darse cuenta de la resurrección de Jesús y de su presencia continuada en medio de ellos (24:52). En los Hechos de los Apóstoles, el ayuno es parte de la oración para que el Espíritu guíe a los fieles, más que una expresión de dolor.

Los dichos sobre la tela y las pieles dan una respuesta diferente a la cuestión del ayuno. La vida evangélica proclamada por Jesús es algo totalmente nuevo. Nace en el seno del judaísmo pero debe desarrollarse por sí misma con sus propios ritos, observancias religiosas, costumbres sociales, doctrinas, y principios. Si el cristianismo sigue atado al judaísmo irá a la ruina. La enseñanza de Jesús tiene aplicaciones amplias en términos de cualquier aferrarse al pasado como por principio.

6:1-11 Jesús y el sábado. Las últimas dos historias de conflictos de esta serie tratan de la actitud de Jesús hacia el sábado. A juzgar por el número de estas historias en los Evangelios (cf. 13:10-17; 14:1-6), los conflictos sobre el sábado debieron ser frecuentes durante su ministerio.

algunos fariseos les dijeron: "¿Por qué hacen ustedes lo que no está permitido hacer en un día sábado?" ³Jesús les respondió: "¿Ustedes no han leído lo que hizo David, cuando tuvo hambre, él y sus compañeros? ⁴Pues que entró en la Casa de Dios, tomó los panes benditos, comió de ellos y les dio a sus compañeros. A pesar de que sólo los sacerdotes podían comer de ese pan".

⁵Y les decía: "El Hijo del Hombre tiene autoridad sobre el sábado". ⁶Pues bien, otro sábado entró en la sinagoga y se puso a enseñar. Había ahí un hombre que tenía paralizada la mano derecha. ⁷Los maestros de la Ley y los fariseos espiaban a Jesús para comprobar si hacía sanaciones en día sábado y, en ese caso, acusarlo.

⁸Pero Jesús conocía sus pensamientos. Dijo, pues, al hombre que tenía la mano paralizada: "Levántate y ponte en medio de esa gente". Este se levantó y permaneció de pie. ⁹Entonces Jesús le dijo: "A ustedes les pregunto: ¿está permitido en día sábado hacerle bien a uno o dejarlo con su mal, salvar una vida o dejarla morir?" ¹⁰Paseando en-

En el primer incidente, los discípulos hacen lo que estaría permitido por la Ley de Moisés, pero que en la interpretación de los fariseos era un trabajo prohibido de "cosechar".

En Marcos, los fariseos preguntan a Jesús sobre sus discípulos; en Lucas se dirigen directamente a los discípulos para que Jesús intervenga como su jefe y defensor. Recurre al Antiguo Testamento para defender su acción. Cuando David con sus seguidores huía de Saul, fue a un santuario local a pedir alimento. El único pan que había a mano era el pan sagrado que se ponía ante el Señor y que sólo los sacerdotes podían comer. El sacerdote del lugar les permitió comer aquel pan porque las restricciones de la ley debían ceder ante una necesidad humana urgente (1 Sam 21:2-7). Al aplicarlo a este caso, si uno acepta la autoridad de David para interpretar la Ley, con mayor razón deberá aceptar la autoridad del Hijo del Hombre que es "Señor del sábado".

Jesús muestra inmediatamente su señorío con una sanación. Sigue el modelo de la sanación del paralítico (5:21-25). En el caso del hombre con la mano seca, los fariseos y escribas no se están fijando sólo en la problemática de las acciones de su ministerio, sino que están activamente vigilando a Jesús para ponerlo en dificultades. Jesús sabe para ahora que es inútil tratar de ocultar sus poderosas acciones. No evita la confrontación con los enemigos sino que la provoca para hacer otra declaración sobre el sábado y exponer la falsedad de los motivos de los fariseos.

La interpretación farisáica de la Ley permitía la intervención de médicos en sábado en caso de nacimiento, circuncisión, y de enfermedades mortales. Jesús no pregunta sólo si está permitido sanar en sábado sino que se fija en la finalidad del sábado: si el sábado fue dado por Dios para el bien de su pueblo, ¿no deberán los judíos practicantes obrar el bien en lugar del mal en sábado? Al hacer la pregunta de este modo Jesús in-

tonces su mirada sobre todos ellos, dijo al hombre: "Extiende la mano". Lo hizo y su mano quedó sana. ¹¹Pero ellos, furiosos, se consultaban qué podrían hacer en contra de Jesús.

¹²En aquellos días se fue a orar a un cerro y pasó toda la noche en oración con Dios. ¹³Al llegar el día, llamó a sus discípulos y de ellos escogió a doce, a los que llamó apóstoles: ¹⁴Simón, al que le puso por nombre Pedro, y Andrés, su hermano, Santiago, Juan, Felipe, Bartolomé, ¹⁵Mateo, Tomás, Santiago, hijo de Alfeo, Simón, apodado Zelote, ¹⁶Judas, hermano de Santiago, y Judas Iscariote, que fue el traidor.

¹⁷Bajando con ellos, Jesús se detuvo en un llano. Con él estaba un grupo impresionante de discípulos suyos y un pueblo numeroso procedente de toda

dica que el no hacer el bien, cuando se puede, es una cosa mala, es dejar que una persona sufra sin necesidad. Sus enemigos no le oyen: sus mentes están cerradas.

6:12-16 Los Doce Apóstoles. Lucas pone la elección de los Doce antes del "Gran Discurso" para que éste tenga el carácter de una instrucción oficial para toda la Iglesia reunida en sus líderes. La importancia de la elección de los Doce se subraya mencionando que Jesús pasó la noche en oración. Llama a todos sus discípulos y de entre ellos escoge a los Doce. Hemos encontrado ya a tres de ellos y los volveremos a encontrar (Pedro, Santiago, y Juan); otro tendrá un papel importante más adelante (Judas Iscariote); los demás sólo se mencionan aquí en el Evangelio de Lucas (cf. Hch 1:13). El hecho de que son doce es también importante porque estos líderes cristianos van a dirigir el Nuevo Israel tomando el lugar de los antiguos patriarcas (Lc 22:29-30).

Los Doce son llamados "apóstoles", de la palabra griega *apostello* que significa "enviar". Andrés es mencionado con Simón Pedro su hermano, luego los hijos de Zebedeo. Felipe y Tomás son conocidos del Evangelio de Juan (Jn 1:43-48; 20:24-29). De Bartolomé y Santiago el hijo de Alfeo no se dice nada en el Nuevo Testamento. Mateo es llamado el "recaudador de impuestos" en Mateo 10:3. El segundo Simón es llamado "Zelota", título que lo asocia con los nacionalistas judíos que trabajan por la expulsión de los romanos. Judas, hijo de Santiago, es mencionado también en el Evangelio de Juan (Jn 14:22) y sólo en los escritos de Lucas (Hch 1:13), donde toma el lugar del Tadeo de la lista tradicional (Mc 3:18; Mt 10:3). Probablemente los dos nombres pertenecen a la misma persona. El significado de "Iscariote" es muy discutido; puede significar "hombre de Keriot", una aldea de Judea.

6:17-49 El sermón de la llanura. En este punto de su narración, Lucas incorpora parte del material que Mateo había puesto en el Sermón de la Montaña (Mt 5–7). En lugar de quedarse en la montaña para pronunciar su discurso, Jesus desciende, como Moisés lo hizo, para dar la Ley al

Judea y de Jerusalén, como también de la costa de Tiro y de Sidón. Habían venido a oírlo y para que los sanara de sus enfermedades. ¹⁸Sanaba también a los atormentados por espíritus malos, ¹⁹y toda esta gente trataba de tocarlo porque de él salía una fuerza que los sanaba a todos.

²⁰El, entonces, levantó los ojos hacia sus discípulos, y dijo:

"Felices los pobres, porque de ustedes es el Reino de Dios.

²¹"Felices ustedes que ahora tienen hambre, porque serán satisfechos.

"Felices ustedes que lloran, porque reirán.

²²"Felices ustedes si los hombres los odian, los expulsan, los insultan y los consideran unos delincuentes a causa del Hijo del Hombre. ²³En ese momento alégrense y llénense de gozo, porque les espera una recompensa grande en el cielo. Por lo demás, ésa es la manera como trataron también a los profetas en tiempos de sus padres.

²⁴"Pero, ¡pobres de ustedes, los ricos, porque ustedes tienen ya su consuelo!

²⁵"¡Pobres de ustedes que ahora están satisfechos, porque después tendrán hambre!

"¡Pobres de ustedes que ahora ríen, porque van a llorar de pena!

---

pueblo (Ex 34:15). Como antes, la gente se amontona a su alrededor para oír la Palabra de Dios y ser sanada (5:1, 15).

6:20-26 Bendiciones y maldiciones. Las diferencias de este pasaje con las ocho bienaventuranzas de Mateo son notables. La mejor explicación es que los dos evangelistas recibieron un material básico de la predicación tradicional que en parte había sido adaptado por las diferentes comunidades cristianas y cada cual lo editó para las necesidades de sus lectores. Las bienaventuranzas de Lucas corresponden a la primera, cuarta, segunda, y octava de la lista de Mateo aunque con variaciones notables. Mateo no tiene lista de maldiciones.

Se ha dicho que las bienaventuranzas de Mateo sugieren lo que los discípulos de Jesús deben de ser, mientras que las de Lucas describen lo que realmente son. Esto no se puede probar. Entre los lectores de Lucas había ciudadanos ricos y de la clase media del imperio. El ser "pobre" incluye una situación de dependencia que es a lo que apuntan las dos series de bienaventuranzas. La cuarta bienaventuranza de Lucas es la clave. No es bueno simplemente el ser pobre, hambriento, o perseguido, pero son afortunados los que son desposeídos y maltratados a causa del Hijo del Hombre. Los profetas antiguos fueron tratados vergonzosamente aunque eran portavoces de Dios (Jer 15:15; Am 7:10-12). Más al punto, así fue tratado Jesús (Lc 13:33).

La razón de las amenazas contra los ricos y satisfechos no se da aquí, pero se encuentra en otros lugares del evangelio. Los ricos no usaban sus bienes para ayudar a los pobres (16:19-31), amontonando todo para sí mismos (12:21). No reconocían la fuente de sus bienes (21:3-4) o eran esclavos de ellos (18:24-25). Las riquezas les impedían confiar en Dios

²⁶''¡Pobres de ustedes cuando todos hablen bien de ustedes, porque de esa misma manera trataron a los falsos profetas en tiempos de sus antepasados!

²⁷''Pero yo les digo a ustedes que me escuchan: Amen a sus enemigos, hagan el bien a los que los odian, ²⁸bendigan a los que los maldicen, rueguen por los que los maltratan. ²⁹Al que te golpea en una mejilla, preséntale la otra. Al que te arrebate el manto, entrégale también el vestido. ³⁰Da al que te pide, y al que te quita lo tuyo, no se lo reclames.

³¹''Traten a los demás como quieren que ellos les traten a ustedes.

³²''Porque si ustedes aman a los que los aman ¿qué mérito tienen? Hasta los malos aman a los que los aman. ³³Y si hacen bien a los que les hacen bien, ¿qué mérito tienen? También los pecadores obran así. ³⁴Y si prestan algo a los que les pueden retribuir, ¿qué mérito tienen? También los pecadores prestan a pecadores para recibir de ellos igual trato.

³⁵''Por el contrario, amen a sus enemigos, hagan el bien y presten sin esperar algo en cambio. Entonces la recompensa será grande y serán hijos del Altísimo, que es bueno con los ingratos y los pecadores. ³⁶Sean compasivos, como es compasivo el Padre de ustedes. No juzguen y no serán juzgados; ³⁷no condenen y no serán condenados; perdonen y serán perdonados. ³⁸Den, y se les dará; recibirán una me-

(12:22-34). Son comparados con los falsos profetas que siempre encontraban amigos por medio de sus falsas predicciones optimistas (Jer 5:31; Mt 2:11).

6:27-35 Amor a los enemigos. El amor radical de Jesús y de su Padre celestial, el amor que debe distinguir al cristiano, es presentado con claridad y énfasis en estos versículos. El discipulado se reconoce en el amor a los enemigos que no tiene sentido según los criterios humanos y que debe basarse en la fe. Tres veces se repite la secuencia ''amor, hacer el bien, dar'' (vv. 27-30, 32-34, 35) para presentar la doctrina en frases fáciles de recordar. Si solamente amas, haces el bien, y prestas a tus amigos, eso es sólo buena política o buen negocio. Para ser hijo del Altísimo se necesita más. Hasta la Regla de Oro colocada en medio de estos versículos (v. 31) parece poco en comparación con esta exigencia.

6:36-42 Relaciones. Al llamar a la compasión, Jesús por primera vez en su ministerio público llama a Dios ''Padre'' (cf. 2:49), aunque ha sugerido esta relación en el versículo 35. Ser como el Padre es ser compasivo, lo que significa en las frases que siguen, no juzgar o condenar, perdonar las ofensas y dar sin contar el costo, tal como Dios mismo lo ha hecho. No se dejará vencer en generosidad.

Lucas usa el dicho del ciego que guía al ciego en diferente sentido que Mateo. Allí hablaba contra los fariseos; aquí precave contra los falsos maestros en la comunidad cristiana. (N.E.: Un maestro que no practica el amor servicial y desinteresado es ciego, incapaz de dirigir la comunidad cristiana; no importa el que tenga mucha formación intelectual, porque

dida bien llena, apretada y rebosante; porque, con la medida que ustedes midan, seran medidos".

³⁹Les dijo además esta comparación: "¿Puede un ciego guiar a otro ciego? ¿No caerán juntos en el hoyo? ⁴⁰Pues el discípulo no es superior a su maestro; si se deja guiar, se parecerá a su maestro. ⁴¹¿Y por qué te fijas en la pelusa que tiene tu hermano en un ojo si no eres consciente de la viga que tienes en el tuyo? ⁴²Cómo puedes decir a tu hermano: Hermano, deja que te saque la pelusa que tienes en el ojo, siendo que tú no ves la viga en el tuyo? Hipócrita, saca primero la viga de tu propio ojo, y entonces verás con claridad y podrás sacar la pelusa del ojo de tu hermano.

⁴³"No hay árbol bueno que dé una fruta mala, y el árbol que no es sano tampoco dará fruta buena. ⁴⁴Además, todo árbol se reconoce por su fruto. No se sacan higos de los espinos, ni de las zarzas se sacan uvas. ⁴⁵El hombre bueno saca cosas buenas del tesoro que tiene adentro, y el que es malo, de su fondo malo saca cosas malas; porque su boca habla de lo que abunda en el corazón.

⁴⁶"¿Por qué me llaman Señor, Señor, y no hacen lo que yo digo? ⁴⁷Les voy a decir a quién se parece el que viene a escuchar mis palabras y las practica. ⁴⁸Se parece a un hombre que, al construir su casa, cavó bien profundamente y puso los cimientos sobre la roca. Vino una inundación y la corriente se precipitó sobre su casa, pero no pudo removerla porque estaba bien construida. ⁴⁹Por el contrario, el que escucha mi palabra, pero no la practica, se parece a

si no tiene amor, de nada les sirve; su liderazgo lleva a la ruina.) El verdadero maestro cristiano siempre será discípulo del Maestro, sin cambiar su enseñanza. La famosa frase de la paja y la viga en el ojo enfatiza la doctrina de no juzgar a los demás (v. 37). El texto no dice nada contra la corrección fraterna que debe proceder del amor; el hipócrita, cegado por su propio pecado, solamente se interesa en exponer la debilidad de los demás.

6:43-49 El árbol y su fruto. Jesús recurre a dos imágenes del árbol para subrayar el origen de las acciones de la persona: en el versículo 43, el fruto dice si el árbol es bueno; en el versículo 44 el fruto indica la clase de árbol al que pertenece. Los que invocan a Jesús como Señor deben demostrar la realidad y la calidad de esa relación. Harán esto si escuchan sus palabras y las ponen en práctica (8:15, 21).

Lucas y Mateo cierran sus discursos con la comparación de los que edifican sus casas. El ejemplo ha sido adaptado a auditorios diversos. La historia de Mateo refleja una situación de Palestina donde una casa se podía construir facilmente sobre roca sin tener que cavar. El constructor de Lucas debe cavar hasta llegar a la roca (como se hacía en Asia Menor). El hombre imprudente de Mateo construye sobre arena, lo cual Lucas no menciona; para Lucas la casa vulnerable es la que no tiene cimientos. La casa de Mateo es destruida tanto por el viento como por la riada, tal como sucedía en las llanuras de Palestina; la casa de Lucas parece estar en una

un hombre que construye sobre tierra, sin cimientos. La corriente se precipitó sobre ella y en seguida se desmoronó, siendo grande el desastre de esa casa''.

7 ¹Cuando terminó de dirigir estas palabras al pueblo, Jesús entró en Cafarnaún. ²Había un capitán que tenía un sirviente enfermo y a punto de morir, a quien quería mucho. ³Habiendo oído hablar de Jesús, le envió algunos judíos importantes, para rogarle que fuera a sanar a su servidor.

⁴Al llegar donde estaba Jesús, le suplicaban insistentemente, diciéndole: ''Este hombre merece que le hagas este favor, ⁵pues ama nuestro pueblo y nos edificó una sinagoga''. ⁶Jesús se puso en camino con ellos, y no estaban muy lejos de la casa, cuando el capitán en-

vió a unos amigos para que le dijeran: ''Señor, no te molestes más, porque soy bien poca cosa para que entres a mi casa; ⁷por eso, ni siquiera me atreví a ir donde ti. Pero di una palabra solamente y mi sirviente sanará. ⁸Yo mismo, aunque soy un subalterno, tengo autoridad sobre mis soldados y, cuando le ordeno a uno que vaya, va, y si le digo a otro que venga, viene, y si digo a mi sirviente que haga algo, lo hace''.

⁹Al oír estas palabras, Jesús quedó admirado, y, volviéndose hacia el pueblo que lo seguía, dijo: ''Les declaro que ni siquiera en Israel he hallado una fe tan grande''.

¹⁰Y, cuando los enviados volvieron a casa, encontraron al servidor en perfecta salud.

ciudad, protegida del viento pero expuesta a las inundaciones que se podían llevar a las casas mal cimentadas.

7:1-10 El centurión y su siervo. Historias como esta del ministerio de Jesús eran importantísimas durante el debate de la Iglesia primitiva sobre la misión a los gentiles. No se dice la nacionalidad del centurión, aunque no era judío (v. 5). Quizás era miembro de la fuerza de paz de Herodes (cf. 3:14) y no un miembro del ejército imperial que no tenía unidades en Galilea por esas fechas. En Lucas este incidente anuncia la doctrina de los Hechos de los Apóstoles de que Dios no hace acepción de personas ya que ''cualquiera que teme a Dios y obra justamente es aceptable ante él'' (Hch 10:34-35: cf. 15:9). Si hasta los judíos del tiempo de Jesús llevaron a un gentil a Jesús y éste fue a él sin resistencia—el argumento de la Iglesia sería—¿por qué los judeocristianos rehusarán aceptar a los gentiles?

El centurión es presentado como un hombre compasivo en busca de la compasión de Jesús. Sus amigos judíos abogan en su favor porque ha sido generoso con su gente. A la luz de lo que Jesús acaba de decir sobre la generosidad, el motivo de su acción era otro. El centurión lo sorprende con su humildad y su fe. Hasta se apunta a la delicadeza del oficial: sabía que el entrar en la casa de un pagano hacía al judío impuro e incapaz de participar en la liturgia ritual. Es la fe del centurión, no sus buenas obras, lo que Jesús quiere destacar para sus oyentes. La sanación se menciona a modo de epílogo.

¹¹Jesús se dirigió poco después a un pueblo llamado Naím y con él iban sus discípulos y un pueblo numeroso. ¹²Pues bien, cuando llegó cerca de la puerta de la ciudad, llevaban a enterrar a un hijo único cuya madre era viuda. Una buena parte de la población seguía el funeral. ¹³Al verla, el Señor se compadeció de ella y le dijo: "No llores". ¹⁴Después se acercó hasta tocar la camilla. Los que la llevaban se detuvieron. Dijo Jesús entonces: "Joven, te lo mando: levántate". ¹⁵Y el muerto se sentó y se puso a hablar. Y Jesús se lo devolvió a su madre.

¹⁶El temor de Dios se apoderó de todos, y lo alabaron con estas palabras: "Es gran profeta el que nos ha llegado; Dios ha visitado a su pueblo".

¹⁷Y por toda la Judea y por las regiones vecinas, contaban lo que Jesús había hecho.

¹⁸Los discípulos de Juan lo ponían al tanto de todo esto. El, llamando a dos de ellos, ¹⁹los envió para que preguntaran al Señor: "¿Eres tú el que ha de venir, o tenemos que esperar a otro?"

²⁰Llegados donde Jesús, esos hombres le dijeron: "Juan Bautista nos manda decirte: ¿Eres tú el que ha de venir, o debemos esperar a otro?"

²¹En ese momento Jesús sanaba a varias personas afligidas de enfermedades de achaques, de espíritus malignos, y devolvía la vista a algunos ciegos.

7:11-17 La viuda y su hijo. Sigue otra muestra de la compasión de Jesús en la aldea Galilea de Naím. La narración apunta a una comparación de Jesús con los profetas del Antiguo Testamento. Su acción al resucitar al hijo de una viuda junto con la expresión "y se lo devolvió a su madre" recuerda la acción del profeta Elías (1 Re 17:23). Cuando la gente ve el suceso reacciona reconociendo al "Gran profeta". La compasión de Jesús hacia la mujer le hace entrar en escena. Como en la narración precedente, existe la posibilidad de contraer impureza ritual al tocar un cadáver (Nm 19:11). La gente reacciona primero con temor y luego con la alabanza de Dios como después de la sanación del paralítico (Lc 5:26). No se menciona la fe que antecede al milagro, como en el caso del siervo del centurión, pero la acción produce fe expresada en alabanza de Dios.

7:18-35 Jesús y Juan. Juan está en la cárcel (3:20), pero sus discípulos le han tenido al tanto del ministerio de Jesús. Ahora envía a dos de ellos a preguntar a Jesús a bocajarro si él es "el que ha de venir", usando una expresión para el Mesías tomada de la profecía de Malaquías (Mal 3:1). También se esperaría al profeta semejante a Moisés (Dt 18:15) en quien la gente piensa al ver a Juan y a Jesús (Jn 1:21; 6:14). ¿Por qué dudaba Juan si Jesús era el esperado? Probablemente las historias sobre la compasión de Jesús, y su mensaje de amor a los enemigos y de perdón, no eran para Juan indicaciones del juicio escatológico que él había anunciado para el que venía y era "mayor que yo" (Lc 3:16-17). La fe de Lucas aparece claramente cuando dice que envió a dos discípulos "para que preguntaran al *Señor* . . .".

²²Jesús, pues, contestó a los mensajeros: "Vayan a contarle a Juan lo que han visto y oído: los ciegos ven, los cojos andan, los leprosos son purificados, los sordos oyen, los muertos resucitan, y una buena nueva llega a los pobres. ²³Y además ¡feliz el que me encuentra y no se confunde conmigo!"

²⁴Una vez que se fueron los enviados de Juan, Jesús se puso a decir a la gente, refiriéndose a Juan: "¿Qué fueron a contemplar al desierto? ¿Una caña movida por el viento? ²⁵¿Qué fueron a ver? ¿Un hombre vestido con ropas finas? Pero los que se ponen trajes elegantes y llevan una vida de placeres, están en los palacios de los reyes. ²⁶Entonces, ¿qué fueron a ver? ¿un profeta? Eso sí, y les declaro que Juan es más que un profeta, ²⁷pues se refiere a Juan esta profecía: *mira que mando a mi mensajero delante de ti, para que te prepare el camino.* ²⁸Yo les aseguro que, entre los nacidos de mujer, no hay nadie mayor que Juan; sin embargo el más pequeño en el Reino de Dios es más que él." ²⁹Toda la gente que lo oyó, hasta los publicanos, reconocieron el llamado de Dios y recibieron el bautismo de Juan. ³⁰En cambio, los fariseos y los maestros de la Ley despreciaron el designio de Dios al no hacerse bautizar por él.

³¹"¿Con quién puedo comparar a esta clase de hombres? ¿A quién se parecen? ³²Se parecen a esos niños que, sentados en la plaza, se quejan unos de otros: Les tocamos la flauta y ustedes no bailaron, les entonamos canciones tristes y no lloraron. ³³Lo mismo pasó con Juan Bautista, que no comía pan ni bebía

Los discípulos llegan en un momento en que pueden ver a Jesús sanando. Jesús responde a la pregunta de Juan, interpretando su acción con textos de Isaías que anuncian la liberación mesiánica: los ciegos ven, los cojos andan (Is 29:18-19; 35:5-6). Los dos discípulos deberán reportar a su maestro "lo que han visto y oído". Esta será la misión de la Iglesia primitiva; los apóstoles la llevarán a cabo a riesgo de persecución y de muerte (Hch 4:20). Jesús entiende su programa como el desarrollo de lo proclamado en el sermón inaugural de Nazaret, "Buena noticia a los pobres . . . y el año de gracia del Señor" (Lc 4:18-19). Juan deberá pensar que hasta él mismo puede ser obstáculo al plan de Dios si no se abre a la sorpresa divina. El versículo 23 se aplica no sólo a Juan sino también a personas de todos los tiempos: Jesús, como fue y como es, ha sido visto por muchos como un obstáculo; su verdadera imagen ha sufrido muchas distorsiones.

Este encuentro es seguido de una descripción brillante de Juan en boca de Jesús. No es una caña agitada por el viento sino un gran profeta del Señor, cuya fidelidad firme lo lleva a la cárcel. Es más que un profeta—es el elegido para ser precursor del Mesías, el mensajero que viene con el espíritu de Elías (Mal 3:23; Lc 1:17). Ningún nacido de mujer es mayor que él, pero el menor renacido para el Reino de los Cielos es más grande que él. De esta manera afirma la grandeza de pertenecer al Reino, sin que importen las credenciales humanas. Aquí no se implica que Juan sea excluído del Reino (cf. 13:28).

vino, y ustedes dijeron: Está endemoniado. ³⁴Luego viene el Hijo del Hombre, que come y bebe, y ustedes dicen:
Es un glotón y un borracho, amigo de
publicanos y de personas malas. ³⁵Pero
la Sabiduría de Dios fue la que dispuso
estas cosas, y los suyos la reconocieron''.

³⁶Un fariseo había invitado a Jesús a
comer. Entró en casa del fariseo y se
acostó en el sofá según la costumbre.
³⁷En ese pueblo había una mujer conocida como pecadora. Esta, al enterarse
de que Jesús estaba comiendo en casa
del fariseo, compró un vaso de perfume

y, entrando, se puso de pie detrás de
Jesús. ³⁸Allí se puso a llorar junto a sus
pies, los secó con sus cabellos, se los
cubrió de besos y se los ungió con el
perfume.

³⁹Al ver esto, el fariseo que lo había
invitado se dijo interiormente: ''Si este
hombre fuera profeta, sabría quién es y
qué clase de mujer es la que lo toca: una
pecadora''. ⁴⁰Pero Jesús, tomando la
palabra, le dijo: ''Simón, tengo algo que
decirte''. Simón contestó: ''Di, Maestro''.

⁴¹''Un prestamista tenía dos deudores uno le debía quinientas monedas y
el otro cincuenta. ⁴²Como no tenían con

Los que se habían beneficiado con el ministerio de Juan dan gloria a
Dios al oír el elogio de Jesús. Lucas ve en el rechazo del bautismo de Juan
por los líderes judíos una señal de que están cerrados al plan de Dios
para ellos. El evangelista contrasta esa actitud con el compromiso de Jesús
para cumplir los designios de Dios (18:31). Los ''hombres de hoy'' no
quieren abrirse a la acción de Dios en Jesús y van a cooperar tanto como
los niños tercos. Habían encontrado excusas para rechazar a Juan, y ahora
tendrá excusas opuestas para rechazar a Jesús. El plan de Dios—su ''sabiduría''—probará su veracidad y validez en las vidas de los que lo
abracen.

7:36-50 La mujer amorosa. Aunque Jesús acepta comer con marginados (5:29), no rechaza las invitaciones de los acomodados (11:37; 14:1).
Una mujer ''conocida como una pecadora'' se acerca a él en casa del
fariseo Simón en presencia de los otros invitados. Es un momento bo-
chornoso para Simón y también para la mujer cuya valentía aparece en su acción: lo más importante que ella muestra es su fe en Jesús y su confianza
de ser recibida con compasión. Los huéspedes comían recostados, por
lo que los pies de Jesús quedaban detrás de él.

Simón cree que Jesús no puede ser un profeta, porque permite a la
pecadora que lo toque. Simón no se da cuenta de que él es también pecador y no conoce el ministerio profético de Jesús. En otra comida con ''pecadores'', Jesús se había comparado con un médico (5:31). Jesús conoce
a la mujer pero Simón ni siquiera la ''ve'' hasta que Jesús le desafía (v.
44). Para abrirle los ojos, Jesús le cuenta la parábola del prestamista. Simón es forzado a admitir que el que ha recibido mayor perdón estará más
agradecido. Simón cede a regañadientes: ''Pienso que . . .'', responde,
tratando de no caer en la trampa del despierto carpintero.

que pagarle, les perdonó la deuda a los dos. ¿Cuál de los dos lo querrá más?" [43]Contestó Simón: "Pienso que aquel a quien le perdonó más". Jesús le dijo: "Juzgaste bien".

[44]Y volviéndose hacia la mujer, dijo a Simón: "¿Ves a esta mujer? Cuando yo entré a tu casa, no me ofreciste agua para los pies; mientras que ella los mojó con sus lágrimas, y los secó con sus cabellos. [45]Tú no me besaste al llegar; pero ella, desde que entró, no ha dejado de cubrirme los pies con sus besos. [46]No me echaste aceite en la cabeza; ella, en cambio, derramó perfume en mis pies. [47]Por esto te digo que sus pecados, sus numerosos pecados, le quedan perdonados, por el mucho amor que demostró. Pero aquel a quien se le perdona poco, demuestra poco amor".

[48]Después dijo a la mujer: "Tus pecados te quedan perdonados". [49]Los que estaban con él a la mesa empezaron a preguntarse: "¿Quién es este hombre que ahora pretende perdonar los pecados?" [50]Pero, de nuevo, Jesús habló a la mujer: "Tu fe te ha salvado; vete en paz".

El fariseo queda atrapado en su admisión. Jesús compara las gratitudes punto por punto: tú no me ofreciste agua pero ella me lavó con sus lágrimas; tú no me besaste, pero ella besó mis pies; tú no me ungiste la cabeza, pero ella me ungió los pies. Las palabras de Jesús culminan en el versículo 47 que se puede traducir de dos maneras totalmente diferentes. La traducción de Nueva Biblia Americana se puede aceptar: "Sus pecados le han sido perdonados por su gran amor", pero la traducción más de acuerdo con la parábola y con los versículos 41-42 es la de la Biblia de Jerusalén: "Por esta razón yo te digo que sus pecados le han sido perdonados porque, si no fuera así, no mostraría tanto amor. El que es perdonado poco, muestra poco amor".

Jesús dice que la mujer ya ha sido perdonada; es evidente por su amor. No mostraría tanto amor si antes no hubiera recibido amor (perdón, aceptación). El perdón la ha liberado para amar. Cuando Jesús le dice, "tus pecados quedan perdonados", está confirmando lo que ya había sucedido. En el contexto diferente de la sanación del paralítico, Jesús perdonó los pecados en el momento en que habló (5:20). No es que el amor le había obtenido el perdón a la mujer; era la fe con que se había acercado a Jesús y aceptado su perdón la que la había salvado y dado la capacidad para amar (1:77).

La frase de Jesús en el versículo 47 interpreta la parábola del prestamista. La mujer ha recibido 500 monedas de perdón. No sabemos cuánto recibió Simón pero se deduce que menos ya que muestra menos gratitud y amor. Eso no quiere decir que uno tenga que ser un gran pecador para poder amar mucho. Todos necesitamos "500 monedas de perdón", pero quizás estemos ciegos y no vemos nuestros pecados, tenemos miedo o somos demasiado orgullosos para pedir que se nos perdone la deuda; entonces quedamos atados sin libertad para amar plenamente.

8 ¹Jesús iba recorriendo ciudades y aldeas, predicando y anunciando la Buena Nueva del Reino de Dios. Lo acompañaban los Doce ²y también algunas mujeres a las que había sanado de espíritus malos o de enfermedades: María, por sobrenombre Magdalena, de la que habían salido siete demonios; ³Juana, mujer de Cuza, administrador de Herodes; Susana, y varias otras que los atendían con sus propios recursos. ⁴Estaban reunidas muchísimas personas que habían venido a verlo desde muchas ciudades. Entonces empezó a hablarles por medio de comparaciones:

⁵"El sembrador salió a sembrar. Y, mientras sembraba, una parte del grano cayó al borde del camino, la pisotearon, y las aves del cielo se la comieron. ⁶Otra parte cayó sobre la roca y, después que brotó, se secó por falta de humedad. ⁷Otra cayó entre espinos, y los espinos al crecer la ahogaron. ⁸Otra cayó en tierra buena, creció y produjo el ciento por uno".

Y, al terminar, Jesús clamaba: "El que tenga oídos para oír, oiga".

⁹Sus discípulos le preguntaron lo que quería decir esa comparación. ¹⁰Jesús les contestó: "A ustedes se les concede co-

8:1-3 Jesús acompañado por las mujeres. Jesús comienza una gira sistemática de los pueblos de Galilea acompañado por los Doce y por varias mujeres que cuidan de sus necesidades. Estas mujeres habían sido curadas por Jesús y expresaban su agradecimiento de este modo. Hubiera sido cosa muy rara que un predicador ambulante se dejara acompañar de mujeres, lo cual es otra señal de la gran apertura de Jesús, de su interés por todos, y de su habilidad para superar prejuicios y costumbres. Dos de esas mujeres, María Magdalena y Juana, serán mencionadas entre los primeros testigos de la resurreccion (24:10); quizás ellas y otras de este grupo eran de las que esperaban con los Doce la venida del Espíritu después de la ascensión (Hch 1:14).

8:4-21 Escuchar la Palabra de Dios. Esta sección sobre la respuesta al mensaje del evangelio contiene dos parábolas con sus comentarios; se cierra con un dicho de Jesús sobre la relación de sus discípulos con él. La parábola del sembrador (mejor dicho, de la siembra) está en los tres Sinópticos (Mc 4:3-8; Mt 13:4-8). La parábola en sí (vv. 5-8) se abre a más de una interpretación, pero el comentario (vv. 11-15) describe la que debió ser la interpretación más común en la Iglesia primitiva. La semilla es la Palabra de Dios que producirá frutos en el corazón dócil (tierra fértil), pero que puede quedar sin fruto en otros terrenos por razones varias: los pájaros = el demonio; sin humedad = fallas en las pruebas; espinas = cuidados, riquezas, y placeres. En los versículos 13-15, el que escucha es comparado con la semilla en lugar de la tierra. Es característico de Lucas el enfatizar la perseverancia (v. 5; cf. 21:19; Hch 11:23).

Después de contar la parábola, Jesús llama la atención sobre el significado más profundo de su predicación (v. 8), algo que debió de hacer con

nocer los misterios del Reino de Dios; los otros no tendrán más que comparaciones para que *vean sin ver y oigan sin comprender.*

[11]"Esto es lo que significa la comparación: La semilla es la Palabra de Dios. [12]Los que están al borde del camino son los que han oído, pero después viene el diablo y arranca la Palabra de su corazón, pues no quiere que crean y se salven. [13]Los que están sobre la roca son los que, cuando oyen la Palabra, la acogen con alegría, pero no tienen raíz. No creen más que por un momento y fallan en la hora de la prueba. [14]Lo que cayó entre espinos son los que han oído, pero, al pasar el tiempo, las preocupaciones, la riqueza y los placeres de la vida los ahogan, de suerte que no llegan a madurar. [15]Y los que están en

buena tierra son los que reciben la Palabra con un corazón noble y generoso, la conservan y producen fruto por ser constantes.

[16]"Nadie enciende una lámpara para cubrirla con un envase o ponerla debajo de la cama. Por el contrario, la pone en un candelero, para que los que entren vean la luz. [17]No hay nada escondido que no salga a la luz, ni nada tan secreto que no llegue a conocerse claramente. [18]Por tanto, fíjense bien en la manera como escuchan. Porque, al que produce se le dará, y al que no produce, se le quitará hasta lo que cree tener".

[19]Su madre y sus parientes querían verlo, pero no podían acercársele por el gentío que había. [20]Alguien dio a Jesús este recado: "Tu madre y tus hermanos están afuera y quieren verte". [21]Pero

frecuencia para mover a sus oyentes a escuchar con más cuidado (cf. 14:35). Cuando los discípulos le piden que les explique el significado en privado, él les asegura que el "misterio" (designio escondido) del Reino de Dios se les revela a ellos, pero añade la frase enigmática de que las parábolas tienen por fin el que otros no entiendan. Jesús obviamente, no quiere que sus oyentes no le entiendan (ya que lo contrario aparece en los vv. 8 y 18 y el v. 16 en la parábola de la lámpara). Usa una cita de Isaías 6:9 que describe lo que de hecho va a suceder: unos verán sin ver realmente y oirán sin entender, a causa de su dureza de corazón. La frase contiene un modismo hebreo difícil de expresar en nuestra traducción. Suena más duro en la versión de Marcos (4:12), ya que Mateo y Lucas lo han moderado.

La parábola de la lámpara se aplica aquí a "la revelación de los misterios del Reino de Dios" mencionada en el versículo 10. Dios quiere que la predicación de Jesús llegue a todo el mundo, aunque ahora se limite a unos pocos y sea medio en secreto. Los apóstoles continuarán su misión (Hch 1:18). Jesús urge a sus oyentes a prestar atención a lo que oyen ya que los que se abren a la Palabra de Dios quedarán enriquecidos con la vida que engendra y alimenta (v. 8), y los que no escuchan verán que la vida que parecía haber germinado en ellos se les marchita (v. 6). Esta sección se cierra con la visita de la familia de Jesús que le da la oportunidad para asegurar a sus seguidores que la relación fundamental con Jesús

Jesús respondió: "Mi madre y mis hermanos son los que escuchan la Palabra de Dios y la ponen por obra".

²²Un día subió Jesús a una barca con sus discípulos. Les dijo: "Pasemos a la otra orilla del lago". Y ellos remaron mar adentro. ²³Mientras navegaban, Jesús se durmió. De repente, una tempestad se desencadenó sobre el lago, y la barca se fue llenando de agua, a tal punto que peligraban. ²⁴Se acercaron a él y lo despertaron: "Maestro, Maestro, estamos perdidos". Jesús se levantó, y amenazó al viento y a las olas encrespadas: éstas se tranquilizaron y todo quedó en calma. ²⁵Después les dijo: "Donde está la fe de ustedes?"

Los discípulos quedaron llenos de temor y de admiración y se decían entre ellos: "¿Quién es éste que puede mandar a los vientos y las olas, y le obedecen?"

²⁶Llegaron a la región de los gerasenos, que se halla al otro lado del lago, frente a la Galilea. ²⁷Acababa de desembarcar, cuando de este pueblo vino a su encuentro un hombre poseído de demonios. Desde hacía mucho tiempo no se vestía, no vivía en una casa, sino en las tumbas. ²⁸Viendo a Jesús se puso a gritar, cayó a sus pies y dijo en voz alta: "¿Qué quieres conmigo, Jesús, hijo del Dios Altísimo? Te lo ruego, no me atormentes".

²⁹Es que Jesús había mandado al espíritu malo que saliera de ese hombre. Porque, en diversas ocasiones, el espíritu se había apoderado de él y en esos momentos, por más que lo ataran con cadenas y grillos, él rompía las ataduras y el demonio lo arrastraba a lugares solitarios.

³⁰Jesús le preguntó: "¿Cuál es tu nombre?" Y él contestó: "Multitud".

no es la de los lazos de sangre u otras conexiones terrenas sino la de escuchar la Palabra de Dios y practicarla.

8:22-25 La tempestad en el lago. La identidad de Jesús se ha mencionado repetidamente durante el ministerio de Galilea (4:22, 34, 41; 7:16). Ahora, por tercera vez, se pregunta abiertamente: ¿Quién es éste? (v. 25: cf. 5:21; 7:49). Una vez más surgirá la pregunta (9:9) antes de que Pedro haga su profesión de fe en Jesús como Mesías (9:20). Esta vez son los mismos discípulos los que se preguntan al experimentar su poder cuando están a solas con él en el lago. La comunidad cristiana primitiva vio esta historia como una llamada a la fe en Jesús que está presente en la Iglesia en medio de las tormentas.

8:26-39 El discípulo de Gerasa. Después de mostrar su poder en la tormenta, Jesús muestra su autoridad sobre los demonios en territorio pagano. Opera además una transformación dramática en una vida humana. El hombre está "poseído" por el demonio. La frase nos suena un poco fuerte. El versículo 27 en griego dice que "tenía" demonios, y el versículo 36 dice que estaba "endemoniado" (cf. Mc 1:32), aunque la noción moderna de posesión es la que el demonio absorbe la personalidad, es ajena al Nuevo Testamento. El espíritu impuro resulta ser todo un regimiento ("legión" era un término usado en el ejército imperial) que reconoce a Jesús como lo habían reconocido otros demonios.

Porque muchos demonios habían entrado en él. ³¹Y rogaban a Jesús que no les ordenara irse al abismo. ³²Había en ese lugar un buen número de cerdos comiendo en el cerro. Los demonios suplicaron a Jesús que les permitiera entrar en los cerdos, y él se lo permitió. ³³Salieron, pues, del hombre, entraron en los cerdos y, desde el acantilado, se precipitaron al lago y se ahogaron. ³⁴Viendo lo que había pasado, los cuidadores huyeron llevando la noticia a la ciudad y a los campos. ³⁵Luego la gente salió a ver qué había pasado. Al llegar cerca de Jesús, encontraron al hombre del que habían salido los demonios, sentado a los pies de Jesús, vestido y en su sano juicio. ³⁶Todos se asustaron. Los que habían sido testigos les contaron cómo el endemoniado había sido sanado. ³⁷Entonces todo el pueblo del territorio de los gerasenos pidió a Jesús que se alejara de ellos, porque un miedo muy fuerte se había apoderado de ellos.

Jesús subió a la barca para volver. ³⁸Entonces el hombre del que habían salido los demonios le rogaban que lo admitiera en su compañía, pero Jesús lo despidió diciéndole: ³⁹"Vuélvete a tu casa y cuenta todo lo que Dios ha hecho por ti". Se fue, pues, publicando en la ciudad entera todo lo que Jesús hizo por él.

⁴⁰Cuando regresó Jesús, lo recibió una gran multitud, porque todos estaban esperándolo. ⁴¹En esto se presentó un hombre llamado Jairo, que era dirigente de la Sinagoga. Cayendo a los pies de Jesús, le suplicaba que fuera a su casa,

La condición del hombre está llena de peligros para sí y para los demás y viene de mucho tiempo. Aquí no se da un exorcismo ordinario. Sus efectos duraderos podían dudarse, por lo que Jesús accede a enviar los demonios a los cerdos como señal visible de que han dejado en paz al hombre. Piden que no se les envíe al "abismo". La palabra usada podía designar al Sheol, el inframundo de los muertos (cf. Rom. 10:7), aunque aquí designa la prisión de los espíritus malos (2 Pe 2:4; Ap 9:1-11). Los judíos que consideraban a los cerdos impuros, pensarían que era muy apropiado que los demonios fueran a los cerdos.

La gente del lugar se quedó aterrorizada ante lo sucedido. Su temor no los lleva a alabar a Dios (5:26) sino a rechazar a Jesús. Aunque Lucas trata a los gentiles favorablemente, no se ciega a la posibilidad de su fracaso. La pérdida de los cerdos les afecta más que la transformación del hombre, quien, cuando la gente llega, está sentado a los pies de Jesús, escuchándole (cf. 10:39). El hombre quiere seguir a Jesús (como las mujeres que habían sido curadas: 8:1-3), pero su vocación es el compartir con su propia gente lo que le ha sucedido a él.

8:40-56 Jesús y las dos hijas. El poder de Jesús sobre la enfermedad y la muerte cierra el ciclo de cuatro historias de milagros. Lucas liga la resurrección de la niña con el incidente anterior de Naím, añadiendo a la narración de Marcos el detalle de que era hija única. Hay varios puntos de la narracción sinóptica que unen las historias de la niña y de la mujer. Las dos son llamadas "hijas"; el padre y la mujer caen a los pies

⁴²porque tenía una hija única, de unos doce años, que se estaba muriendo.

Mientras Jesús caminaba a casa de Jairo, la gente lo apretaba casi hasta ahogarlo. ⁴³En ese momento, una mujer que padecía hemorragias desde hacía doce años se acercó por detrás. Había gastado en manos de los médicos todo lo que tenía y nadie la había podido mejorar. ⁴⁴Tocó el fleco de la capa de Jesús y en el mismo instante se detuvo el derrame de sangre. ⁴⁵Jesús preguntó: ''¿Quién me ha tocado?'' Como todos decían: ''Yo no'', Pedro expresó: ''Maestro, es la multitud la que te aprieta y te oprime''. ⁴⁶Jesús replicó: ''Alguien me tocó; yo sentí que una fuerza salía de mí''.

⁴⁷Al verse descubierta, la mujer se presentó muy temerosa y, echándose a sus pies, contó delante de todo el mundo por qué razón ella lo había tocado y cómo había quedado instantáneamente sana. ⁴⁸El le dijo: ''Hija, tu fe te ha salvado; vete en paz''.

⁴⁹Estaba todavía hablando, cuando alguien vino a decir al dirigente de la sinagoga: ''Murió tu hija; no molestes más al Maestro''. ⁵⁰Pero Jesús, que lo había oído, contestó: ''No temas; basta que creas, y tu hija se salvará''.

⁵¹Cuando llegó a la casa, no dejó entrar a nadie con él, sino a Pedro, Juan y Santiago, junto con el padre y la madre de la niña. ⁵²Los demás gritaban y se lamentaban junto con las lloronas. Jesús les dijo: ''No lloren; la niña no está muerta, sino que duerme''. ⁵³Pero ellos se burlaron de él porque sabían que estaba muerta. ⁵⁴Sin embargo, Jesús, tomándola de la mano, la llamó con estas palabras: ''Niña levántate''. ⁵⁵Volvió a ella su espíritu, y en el mismo instante se levantó. Jesús ordenó que le

de Jesús; la edad de la niña y los años de la enfermedad de la mujer coinciden; las dos son afectadas ''inmediatamente'' por su contacto con Jesús; la fe es clave en los dos casos. Lucas añade que la niña es ''salvada'', usando la misma palabra para la sanación de la mujer (vv. 48 y 50).

La mujer con el derrame de sangre toca el borde de la capa de Jesús y queda curada como por magia. Para quitar este elemento de superstición (que Lucas odia: Hch 8:9-11; 19:19), la tradición subraya que el poder salió de Jesús en respuesta a la fe, y que la sanación ha ido más allá de lo físico. La confianza en Jesús que la llevó a descubrirse ante todo el mundo es como la de la mujer que antes había sido pecadora (7:37-38); Jesús habló a las dos del mismo modo: ''Tu fe te ha salvado, vete en paz'' (7:50; 8:48). Pedro no llama a Jesús ''Señor'' sino ''Maestro'' en el versículo 45, tal como lo hizo en otra ocasión cuando aun dudaba del alcance del poder y conocimiento de Jesús (5:5).

La atención de Jesús hacia la mujer lo retrasó lo suficiente para impedirle salvar la vida de la niña. Jesús conforta a Jairo: ''No temas; basta que creas''. El temor había arruinado su visita a los gerasenos (8:37). Jesús lleva consigo a los tres discípulos más íntimos. Lucas cambia el orden tradicional de los nombres de Santiago y Juan (cf. 5:10) para preparar la asociación de Juan con Pedro en los Hechos de los Apóstoles (Hch 3:1, 11; 4:1; 8:14). Los que se lamentaban en casa de Jairo no esta-

dieran de comer, ⁵⁶pues sus padres quedaban sobrecogidos de admiración, pero él les mandó que no le dijeran a nadie lo que había pasado.

9 ¹Habiendo reunido a los Doce, Jesús les dio autoridad sobre todos los demonios y poder para sanar las enfermedades. ²Y los envió a anunciar el Reino de Dios y a hacer curaciones. ³Les dijo "No lleven nada para el camino, ni bastón, ni bolsa ni pan, ni plata, y tengan un solo vestido. ⁴Cuando los reciban en una casa, quédense ahí hasta que dejen ese lugar, ⁵y si en alguna parte no los reciben, salgan de esa ciudad y sacudan el polvo de los pies, como para acusarlos".

⁶Partieron los Doce a recorrer los pueblos, predicando la Buena Nueva y haciendo curaciones por todas partes donde pasaban.

⁷Supo el rey Herodes todo lo que estaba pasando, y no sabía qué pensar, porque algunos decían: "Es Juan que ha resucitado de entre los muertos", ⁸y otros: "Es Elías, que ha reaparecido", y otros: "Es alguno de los antiguos profetas que ha resucitado". ⁹Pero Herodes pensó: "A Juan yo le hice cortar la cabeza. ¿Quién es entonces éste del cual me cuentan cosas tan raras?" Y tenía ganas de verlo.

¹⁰A su vuelta, los apóstoles contaron a Jesús todo lo que habían hecho. El los

ban preparados para la sorpresa que Jesús les trae (cf. 7:23); se burlaban de él porque estaban cerrados a la acción de Dios.

9:1-9 La misión de los apóstoles. Se acerca el fin del ministerio en Galilea. La primera parte de este capítulo presenta a Jesús preparando a sus discípulos más íntimos para acompañarle en su viaje a Jerusalén y para después continuar su misión. Comparte con ellos su poder y autoridad y les deja ver su gloria, para darles a entender que su misión y la de ellos incluirán humillación y sufrimiento. Los Doce son "enviados" (*apostello*) con instrucciones de imitar a su maestro no llevando nada consigo. Los discípulos de Cristo deberán concentrarse en su misión más que en sus propias necesidades, haciéndose dependientes de la buena voluntad de la gente a la que lleven el evangelio. Por ello, no deberán preocuparse por el alojamiento, y deberán excluir toda idea de aprovechamiento con su trabajo. Los judíos solían sacudir el polvo de sus sandalias al salir de territorio pagano. Aquí la acción es un aviso de que la gente que se cierra al evangelio se está apartando de la salvación (cf. Hch 13:51).

Esta ampliación de la misión de Jesús atrae la atención de más gente, incluido Herodes Antipas, el tetrarca de Galilea, que se llenará de "curiosidad" (v. 9) y hasta de alarma por Jesús hasta su muerte (13:31-33; 23:6-12). Se nos informa sobre la muerte de Juan con alusiones en los versículos 7 y 9. La predicación y los grandes milagros de Jesús traen a la memoria de la gente las grandes figuras proféticas del pasado, especialmente la de Elías. La identidad de Jesús es aún discutida.

9:10-17 Jesús alimenta a la agente. Jesús se aparta con sus discípulos por un tiempo, probablemente para descansar y analizar sus experien-

llevó consigo, en dirección a una ciudad llamada Betsaida, para estar a solas con ellos. [11]Pero la gente se dio cuenta y lo siguieron. Jesús los acogió y se puso a hablarles del Reino de Dios, y devolvió la salud a los que necesitaban curación. [12]El día comenzaba a declinar. Los Doce se acercaron para decirle: "Despide a la gente. Que vayan a las aldeas y pueblecitos de los alrededores en busca de alojamiento y comida, porque aquí estamos en un lugar solitario". [13]Jesús les contestó: "Denles ustedes mismos de comer". Ellos dijeron: "No tenemos más que cinco panes y dos pescados, a menos que fuéramos nosotros mismos a comprar alimentos para todo este gentío". [14]Porque había unos cinco mil hombres. Pero Jesús dijo a sus discípulos: "Háganlos sentarse en grupos de cincuenta".

[15]Así hicieron los discípulos, y todos se sentaron. [16]Jesús entonces tomó los cinco panes y los dos pescados, levantó los ojos al cielo, dijo la bendición, los partió y se los entregó a sus discípulos para que los distribuyeran a la gente. [17]Todos comieron cuanto quisieron y se recogieron doce canastos de sobras.

[18]Un día Jesús se había ido a un lugar apartado para orar, y estaban sus discípulos con él. Les hizo esta pregunta: "La gente, ¿quién dice que soy yo?" [19]Ellos contestaron: "Unos dicen que eres Juan Bautista; otros, Elías, y otros, que eres alguno de los profetas antiguos

cias. Lucas da el nombre del lugar, Betsaida, el pueblo de varios discípulos (Jn 1:44). Interrumpido por las necesidades de la gente, Jesús predica de nuevo y sana. La implicación es que aunque los discípulos han recibido una participación en el ministerio de Jesús, no pueden tomar su puesto: ésto se ve más claramente en su impotencia para remediar el hambre de la gente sin su ayuda. El dar de comer a cinco mil personas significaba para la Iglesia primitiva que los líderes tenían la responsabilidad de alimentar a su rebaño, probablemente con la predicación y la Eucaristía. La formulación del versículo 16 nos hace pensar en la última cena y en la Eucaristía, la fuente del alimento superabundante para los que reciben la palabra de Jesús y su sanación.

9:18-27 El Mesías de Dios. Jesús está absorto en oración; esto indica que se acerca el momento decisivo (cf. 3:21: 6:12). Está dispuesto a hacer frente a sus discípulos con la pregunta que ha estado inquietando a las multitudes desde el comienzo del ministerio: "¿Quién es éste hombre?" (8:25). Responden con lo que dice la gente: Juan, Elías, un profeta (vv. 7-8). Cuando les pide su propia opinión, Pedro habla a nombre de los demás: "Tú eres el Mesías de Dios". Aunque la respuesta es correcta, como lo sabemos por la infancia de Jesús, aun se presta a malentendidos, por lo que Jesús les impone silencio hasta que les instruya sobre la naturaleza de su mesianismo. El liderazgo de Pedro resalta al responder a esta pregunta clave en nombre de sus compañeros (cf. Hch 2:14).

Inmediatamente Jesús hace la primera de sus tres predicciones de la pasión (cf. Lc 9:44; 18:31-33) usando el título de "Hijo del Hombre" que Jesús prefería, y que en este caso equivalía a "Mesías". No hay que

que ha resucitado''. [20]Entonces les preguntó: ''Y ustedes, quién dicen que soy yo?''

Y Pedro respondió: ''Que tú eres el Cristo de Dios''. [21]Jesús les prohibió estrictamente que se lo dijeran a nadie. [22]''Porque—les decía—el Hijo del Hombre tiene que sufrir mucho y ser rechazado por las autoridades judías, por los jefes de los sacerdotes y por los maestros de la Ley. Le quitarán la vida y al tercer día resucitará''.

[23]Después, Jesús dijo a toda la gente: ''Si alguno quiere seguirme, que se niegue a sí mismo, que cargue con su cruz de cada día y que me siga. [24]En efecto, el que quiera asegurar su vida la perderá, pero él que pierde su vida por causa mía, la asegurará. [25]¿De qué le aprovecha al hombre ganar el mundo entero, si se pierde o se perjudica a sí mismo? [26]Si alguien se avergüenza de mí y de mis palabras, también el Hijo del Hombre se avergonzará de él cuando venga rodeado de su Gloria, de la del Padre y de los ángeles santos.

[27]''Les digo, y es pura verdad, que algunos de los aquí presentes no morirán sin antes haber visto el Reino de Dios''.

[28]Ocho días después de estos discursos, Jesús llevó consigo a Pedro, a Santiago y a Juan, y subió a un cerro a orar. [29]Y mientras estaba orando, su cara cambió de aspecto y su ropa se puso blanca y fulgurante. [30]Dos hombres, que eran Moisés y Elías, conversaban con él. [31]Se veían resplandecientes y le hablaban de su partida, que debía

equivocarse sobre su persona: Jesús no será el Mesías de la expectación popular que se aprovechará del patriotismo nacional para romper el yugo romano y restaurar la dinastía davídica. Sufrirá, será rechazado por los líderes del pueblo de Dios, y morirá. Sólo entonces será vindicado. Sus seguidores correrán la misma suerte y tendrán que tomar su cruz (la versión de Lucas añade ''cada día''). El negarse a sí mismo y perder la vida no es una especie de suicidio que sería sicológicamente dañino; significa el renunciar al control del propio destino y abrirse al auténtico conocimiento propio, dejando a un lado la imagen creada con ilusiones mundanas sobre el significado de la vida. Todo está en juego: la respuesta de ahora determinará el resultado del gran juicio (v. 26). La frase de Jesús de que algunos de sus compañeros no morirían antes de ver el Reino de Dios se refiere, en el contexto de Marcos, principalmente a la experiencia de la transfiguración; Lucas incluye la experiencia de la resurección y del don del Espíritu (Hch 2:32-36).

9:28-36 La gloria del Hijo de Dios. La transfiguración presenta un deslumbrante contraste con el mensaje de sufrimiento y humillación. Los dos extremos deben mantenerse unidos, como siempre en la tradición evangélica, para aceptar a Jesús tal como él es—Hijo del Hombre e Hijo de Dios. Varios detalles nos recuerdan la experiencia del monte Sinaí: Moisés, la cumbre, la nube (Ex 24:9-18). Jesús aparece como Hijo de Dios en su gloria celestial. Se da un ''cambio de aspecto'' (v. 29) como se dará en su cuerpo glorioso resucitado (Mc 16:12). Con él se aparecen dos figuras claves del Antiguo Testamento, el legislador Moisés y el profeta

cumplirse en Jerusalén. ³²Pedro y sus compañeros se sintieron invadidos por el sueño. Pero se despertaron de repente y vieron la Gloria de Jesús y a los dos hombres que estaban con él. ³³Cuando éstos se alejaron, Pedro dijo a Jesús: "Maestro, ¡qué bueno que estemos aquí!; levantemos tres chozas: una para ti, otra para Moisés y otra para Elías". Pues no sabía lo que decía.

³⁴Estaba todavía hablando cuando se formó una nube que los cubrió con su sombra. Al quedar envueltos en la nube se atemorizaron, ³⁵pero de la nube salió una voz que decía: "Este es mi Hijo, mi Elegido; escúchenlo". ³⁶Después que llegaron estas palabras, Jesús volvió a estar solo.

Los discípulos guardaron silencio por esos días, y no contaron nada a nadie de lo que habían visto.

³⁷Al día siguiente, cuando bajaban del cerro, se encontraron con un pueblo numeroso ³⁸y, de en medio de la multitud, un hombre se puso a gritar: "Maestro, te pido que mires a este muchacho, que es mi único hijo. ³⁹Cuando el demonio se apodera de él, comienza a gritar. Luego el demonio lo sacude con violencia y lo hace echar espumarajos; cuesta mucho para que lo suelte y lo deja muy agotado. ⁴⁰Pedí a tus discípulos que echaran al demonio, pero no pudieron".

⁴¹Jesús respondió: "Gente incrédula y extraviada ¿hasta cuándo estaré entre ustedes y tendré que soportarlos? ⁴²Trae tu hijo para acá". En el momento en que se acercaba el muchacho, el demonio lo echó al suelo con violentas sacudidas. Jesús expulsó al espíritu malo, el muchacho sanó y Jesús lo devolvió a su

Elías. Hay indicios de que Jesús cumplirá las esperanzas del pueblo judío. De hecho, hablan con él sobre su *Exodo* (traducido como "salida" en el v. 31)—su muerte, resurrección, y en la teología de Lucas, especialmente su ascensión—que él "cumplirá" en Jerusalén.

Los tres discípulos más íntimos fallan garrafalmente. Se quedan dormidos, como lo harán más adelante en otro momento crucial (22:45). Pedro, de cara a la gloria divina no llama a Jesús "Señor", lo cual identificaría a Jesús como Salvador; Pedro habla sin coherencia de levantar tres chozas para los seres celestiales. La revelación llega a su cumbre con la voz que sale de la nube como en el bautismo de Jesús. El es el Hijo de Dios, su Elegido (Sal 2:7; Is 42:1). La invitación a "escucharle" subraya la importancia de lo que Jesús les ha estado diciendo sobre su propia misión y la naturaleza del discipulado.

9:37-50 Jesús desciende de la montaña. La misión de Jesús no se va a ejercer en la soledad de la cumbre de la montaña sino que es un ministerio a los hijos e hijas de Dios. A su bajada Jesús se ocupa de una necesidad humana, un Hijo escogido y amado (2:22; 9:35) sirve a otro hijo amado, un hijo único (detalle de Lucas). Los discípulos habían comenzado su misión con poderes para vencer a todos los demonios (9:1), pero no pudieron echar a este espíritu. Esta experiencia, unida a la de los panes (9:13) y a la de la transfiguración, ponía sus poderes en la perspectiva de participación de la autoridad mesiánica de Jesús. Necesitan su

padre, [43]mientras todos quedaban maravillados ante el poder magnífico de Dios.

Mientras todos quedaban admirados por las cosas que hacía, Jesús dijo a sus discípulos: [44]"Ustedes deben entender muy bien esto: El Hijo del Hombre tiene que ser entregado en manos de los hombres". [45]Pero ellos no comprendieron estas palabras. Algo les impedía comprender lo que significaban y temían pedirle una aclaración.

[46]Un día comenzaron a discutir sobre cuál de ellos era el más importante. [47]Pero Jesús se dio cuenta de lo que les preocupaba y, tomando a un niño, lo puso a su lado, [48]y les dijo: "El que recibe a este niño en mi Nombre, me recibe a mí, recibe al que me envió; porque el más pequeño entre todos ustedes, ése es el más grande".

[49]Juan, tomando la palabra, dijo: "Maestro, vimos a uno que hacía uso de tu Nombre para echar a los demonios, y nosotros se lo prohibimos, porque no se junta con nosotros". [50]Pero Jesús le dijo: "No se lo impidan; el que no está contra ustedes, está con ustedes".

IV. EL VIAJE HASTA PEREA

[51]Como ya se acercaba el tiempo en que sería llevado al cielo, emprendió resueltamente el camino a Jerusalén.

ayuda; además, su ministerio no es mágico, sino que depende de la fe. Jesús los saca de su asombro repitiendo la predicción de su pasión. No le entienden. Lucas subraya que su inhabilidad para entender ese misterio formaba parte del plan divino. Lo entenderán después de la resurrección y del don del Espíritu. Los discípulos no se atrevieron a preguntar más, quizá por miedo a las duras aplicaciones para sus propias vidas que habían seguido a la primera predicción (9:23-24).

Jesús dice a sus discípulos en otras ocasiones que deben hacerse como niños (18:17; Mt 18:3-4). Eso resulta indirectamente de lo que Jesús dice aquí; les hace ver lo insignificante que es un niño en medio de un mundo lleno de intereses egoístas. El niño, el que no tiene amparo, y los que son "los últimos" a los ojos del mundo, esos son los más grandes en el Reino. El verdadero discípulo reconoce a Jesús en ellos. El que sirve a estos últimos comparte su pequeñez y es grande en el Reino. El incidente del extraño exorcista, originalmente independiente de lo que precede, es añadido como ejemplo de la apertura a los demás que se acaba de recomendar. El discípulo de Jesús no pasa juicio (6:37), sino que espera a que salga el fruto (6:43-44), y está dispuesto a aceptar la acción de Dios en personas y lugares inesperados.

CUARTA PARTE: EL VIAJE A JERUSALEN
Lucas 9:51–19:44

Jesús ahora se vuelve resueltamente hacia Jerusalén y el cumplimiento de su Exodo (v. 31). El tema del viaje final se encuentra ya en Marcos (Mc 10:1, 32), pero Lucas lo ha desarrollado para mostrar la decisión de

⁵²Había mandado mensajeros delante de él, los cuales, caminando, entraron en un pueblo samaritano para prepararle alojamiento. ⁵³Pero los samaritanos no lo quisieron recibir, porque iba a Jerusalén. ⁵⁴Al ver esto, los discípulos Santiago y Juan le dijeron: "Señor, ¿quieres que mandemos bajar fuego del cielo que los consuma?" ⁵⁵Pero Jesús, dándose vuelta, los reprendió, ⁵⁶y pasaron a otra aldea.

⁵⁷Cuando iban de camino, alguien le dijo: "Te seguiré adonde quiera que vayas". ⁵⁸Jesús le respondió: "Los zorros tienen madrigueras y las aves del cielo tienen sus nidos, pero el Hijo del Hombre no tiene dónde descansar la cabeza".

⁵⁹A otro le dijo: "Sígueme". Este le contestó: "Deja que me vaya y pueda primero enterrar a mi padre". ⁶⁰Pero Jesús le dijo: "Deja que los muertos entierren a sus muertos; pero tú tienes que salir a anunciar el Reino de Dios".

⁶¹Otro le dijo: "Te seguiré, Señor, pero permíteme que me despida de los míos". ⁶²Jesús entonces le contestó: "Todo el que pone la mano al arado y mira para atrás, no sirve para el Reino de Dios".

Jesús de llevar a cabo el plan del Padre (9:62; 13:33). Recuerda al lector el tema del viaje (13:22; 17:11) y prolonga esta sección añadiendo varias historias que toma de fuentes independientes (por ejemplo, 10:25-27, 38-42; 12:13-21; 15:11-32; 18:9-14; 19:1-10).

9:51-62 El comienzo del viaje. El viaje de Jesús a Jerusalén es una marcha hacia su exaltación en cumplimiento del plan de Dios. El camino de Jesús por la tierra sirve de referencia para el progreso de la Iglesia después de la ascensión. Nos encontramos de camino a Jerusalén con el Señor. Pero el camino a la gloria, como Jesús lo había dicho, pasa por el sufrimiento. Los discípulos no deben esperar ser tratados mejor que el Maestro. El costo del discipulado cristiano se define a medida que se adelanta en el viaje.

La hostilidad de los samaritanos no es como el odio personal que encontrará en Jerusalén. Es parte del prejuicio nacional y racial que separa a los judíos de los samaritanos. Los discípulos no deben esperar quedar exentos de este trato, pero la respuesta no es el desquitarse. Juan y Santiago deben aprender a evitar choques inútiles y deberán buscar nuevos lugares para propagar el Reino.

Jesús desengaña a unos aspirantes a ser sus discípulos. El que se ofrece con total disponibilidad (v. 57), oye el costo: tendrás menos seguridad que las zorras y los pájaros. Otro responde a la invitación de Jesús pidiendo que se le permita ir a desempeñar una de las obligaciones más sagradas de la Ley, enterrar a su padre. La urgencia del evangelio está sobre esa obligación. Jesús quiere decir que los que no responden al llamado del evangelio están muertos espiritualmente; ya tendrán tiempo para enterrar a los muertos físicamente. Elías dio permiso a su discípulo Eliseo para despedirse de su familia (1 Re 19:19-21), pero la llamada del Reino es más urgente.

10 ¹Después de esto, el Señor eligió otros setenta y dos discípulos y los envió de dos en dos, delante de él, a todas las ciudades y lugares a donde él debía ir.

²Les dijo: ''Hay mucho que cosechar, pero los obreros son pocos; por eso, rueguen al dueño de la cosecha que envíe obreros a su cosecha.

³''Vayan, pero sepan que los envío como corderos en medio de lobos. ⁴No lleven bolsa, ni saco, ni sandalias. Y no traten de hospedarse donde algún conocido. ⁵En la casa que entren, digan como saludo: Paz para esta casa. ⁶Si ahí vive un hombre de paz, recibirá esta paz que ustedes le traen; pero si no la merece, la bendición volverá a ustedes. ⁷Quédense en esa casa, comiendo y bebiendo lo que les den; porque el obrero merece su salario. ⁸No vayan de casa en casa. En toda ciudad que entren y los acojan, coman lo que les sirvan, ⁹sanen sus enfermos y dígan a ese pueblo: El Reino de Dios ha llegado a ustedes.

¹⁰''Pero, en cualquier ciudad donde entren y no los acojan, salgan a las plazas y digan: ¹¹Hasta el polvo de la ciudad, que se nos ha pegado en los pies, lo sacudiremos y se lo dejaremos.

10:1-20 La misión de los setenta y dos. Sólo Lucas nos cuenta esta segunda misión de los discípulos. Ve un significado especial para actividad misionera de la Iglesia después de la ascensión de Jesús. Según los rabinos, en el mundo había 72 naciones (basados en el texto del Gen 10 en la versión del texto griego de los Setenta). Los discípulos irán ''delante de él'', no anunciándose a sí mismos o su propio mensaje, sino preparando el camino para Jesús. Esto deben hacer los predicadores cristianos. Los misioneros son enviados en parejas para que den un testimonio válido legalmente sobre Jesús y el Reino de Dios (cf. Mt 18:16). Jesús pide la oración para que haya más misioneros. El dueño de la mies se preocupa de su progreso, por supuesto, pero parece subordinar su propia respuesta a la necesidad, haciéndola depender del interés de los enviados a la misión.

De nuevo, no hay lugar a engaño. Los discípulos serán corderos en medio de lobos, indefensos, en total dependencia del dueño de la mies para todo lo que se necesite. Varios de los consejos a estos discípulos son repeticiones de las instrucciones dadas a los Doce (9:1-5). El consejo de no saludar a nadie es otro indicio de la urgencia de la labor evangélica. La paz que ofrecen parece ser un don tangible y una realidad viva e inteligente. Esta idea de la paz se basa en e concepto bíblico de la palabra de Dios que no es un simple mensaje sino que es depositaria de la personalidad y del poder de Dios (Is 55:10-11; Jer 20:8-9). El deseo de paz de los misioneros cristianos es algo más que una expresión de buena voluntad—es el ofrecimiento de un don de Dios del cual son ministros privilegiados y heraldos (cf. 1:2; Hch 6:4). Los que llevan dones espirituales pueden esperar que sus beneficiarios se encarguen de sus necesidades físicas (v. 7; cf. Gal 6:6).

Con todo, sépanlo bien: el Reino de Dios está muy próximo. ¹²Yo les declaro que, en el día del juicio, la ciudad de Sodoma será tratada con menos rigor que esa ciudad. ¹³''¡Pobre de ti, ciudad de Corozaín! ¡Pobre de ti, Betsaida! Porque si los milagros que se han hecho en ustedes se hubieran realizado en Tiro y Sidón, hace mucho tiempo que sus habitantes habrían hecho penitencia, vestidos de saco y sentados en la ceniza. ¹⁴Por eso Tiro y Sidón, en el día del Juicio, serán tratadas menos rigurosamente que ustedes. ¹⁵Y tú, ciudad de Cafarnaún, ¿crees que te alzarás hasta el cielo? *Serás precipitada hasta el lugar de los muertos.* ¹⁶''El que los escucha a ustedes, a mí me escucha; el que los rechaza a mí me rechaza, y el que a mí me rechaza, rechaza al que me envió''.

¹⁷Los Setenta y dos volvieron muy felices, diciendo: ''Señor, en tu Nombre sometimos hasta a los demonios''. ¹⁸Jesús les dijo: ''Yo veía a Satanás caer del cielo como un rayo. ¹⁹Sepan que les di el poder de pisotear a las serpientes, a los escorpiones y a todas las fuerzas del enemigo, y nada podrá dañarles a ustedes. ²⁰Sin embargo, no se alegren porque someten a los demonios; alégrense más bien porque sus nombres están escritos en los cielos''.

²¹En ese mismo momento, Jesús, movido por el Espíritu Santo, se estremeció de alegría y dijo: ''Yo te bendigo, Padre, porque has ocultado estas cosas a los sabios e inteligentes y se las has

La proclamación del Evangelio es Palabra de Dios, por lo que no debe ser tratada como simple mensaje humano—''lo tomas o lo dejas''. Se siguen consecuencias duras para el que cierra los oídos y el corazón a la noticia del Reino de Dios. Jesús hace comparaciones drásticas para las ciudades obstinadas de Galilea en las que había concentrado gran parte de su ministerio. Corozaín y Betsaida no lo pasarán mejor que Sodoma. La orgullosa Cafarnaún, residencia de Jesús en Galilea, no ha aprendido nada de sus raíces judías que apuntaban a la venida del Mesías. Tiro y Sidón, ciudades paganas, hubieran reconocido las señales que Cafarnaún ignoró. La instrucción concluye con un aviso sobre la dimensión más profunda de la misión: los discípulos llevan a Jesús y al Padre en su misión.

A su vuelta, los 72 se sorprenden del poder que ejercieron por medio del nombre de Jesús. Han echado demonios, continuando el ataque de Jesús contra el demonio de Satanás en el mundo. Jesús ve a Satanás caer del cielo a través de su ministerio, lo cual significa que la batalla final escatológica entre el bien y el mal se está dando ahora; la victoria se está ganando en el nombre de Jesús (Jn 12:31; Rom 16:20). Los discípulos no deben perder la perspectiva. El premio no es la gloria humana obtenida con acciones brillantes, sino la gloria divina por el seguimiento de Jesús a Jerusalén, al Calvario. El libro del registro divino es tema de la literatura judía (Ex 32:32; Dan 12:1).

10:21-24 Jesús el revelador. Este pasaje nos permite vislumbrar la oración personal de Jesús. En el orden de Lucas (diferente del de Mateo por la inserción de la vuelta de los misioneros: cf. Mt 11:20-27), la oración

mostrado a los pequenitos. Sí, Padre, así te pareció bien. ²²Mi Padre puso todas las cosas en mis manos, y nadie sabe quién es el Hijo, sino el Padre; ni quién es el Padre sino el Hijo, y aquel a quien el Hijo quiera dárselo a conocer''.

²³Después, volviéndose hacia sus discípulos, Jesús les dijo a ellos aparte: ''¡Felices los ojos que ven lo que ustedes ven! ²⁴Porque, se lo digo, muchos profetas y reyes quisieron ver lo que ustedes ven, y no lo vieron, y oír lo que ustedes oyen, y no lo oyeron''.

²⁵Se levantó un maestro de la Ley y, para ponerlo en apuros le dijo: ''Maestro, ¿qué debo hacer para conseguir la vida eterna?'' ²⁶Jesús le dijo: ''¿Qué dice la Biblia, qué lees en ella?'' ²⁷Contestó: ''*Amarás al Señor, tu Dios, con todo tu corazón con toda tu alma, con toda tu fuerza y con todo tu espíritu; y a tu prójimo como a ti mismo*''. ²⁸Jesús le dijo: ''Tu respuesta es exacta; haz eso y vivirás''. ²⁹Pero él quiso dar el motivo de su pregunta y dijo a Jesús: ''¿Quién es mi prójimo?''

³⁰Jesús empezó a decir: ''Bajó un hombre de Jerusalén a Jericó, y cayó en manos de bandidos que lo despojaron de todo. Y se fueron después de haberlo molido a golpes, dejándolo medio muerto.

³¹''Por casualidad bajaba por ese camino un sacerdote, quien al verlo pasó por el otro lado de la carretera y siguió

de Jesús es la respuesta espontánea al reporte del éxito feliz de la misión. Jesús habla al ''Padre'' con intimidad, alabándolo porque estos ''pequeños'' entienden lo que sucede en el mundo: no una serie de actividades sin sentido, sino una lucha entre el bien y el mal. El humilde discípulo puede ver y oír lo que reyes y profetas esperaron, una verdad tan sencilla que a veces queda escondida para los grandes y sabios del mundo. La revelación del significado de la existencia está bajo el control de Dios; no se puede comprar ni se puede descifrar con la inteligencia humana.

Jesús es el revelador del Padre. Las frases de Lucas suenan como las del evangelio de Juan (1:18; 6:46). El Hijo da a conocer al Padre como quiere: puede compartir con otros su relación especial con el Padre. Dentro de poco, Jesús compartirá con los discípulos su oración más íntima (11:1-4).

10:25-37 El buen samaritano. Esta historia, junto con la que le sigue, ofrece un cuadro completo del discipulado cristiano en términos de amor al prójimo (servicio activo) y amor a Jesús (oración). Sirven para mostrar el camino a la vida eterna señalado en la respuesta del maestro de la Ley (v. 27). Cuando responde hablando del amor a Dios y al prójimo, el maestro de la Ley cita la antigua oración judía, el *Shemá* (Dt 6:4-5), uniéndola con el texto del Levítico 19:18. Esta combinación la había hecho originalmente Jesús (Mc 12:29-31), y el maestro de la Ley lo sabía; por ello da esa respuesta a Jesús. Para justificarse (porque la respuesta era fácil para un maestro de la Ley), hace la pregunta sobre el tema discutido de la identidad del prójimo. En el texto del Levítico, prójimo es el vecino israelita.

de largo. ³²Lo mismo hizo un levita que llegó a ese lugar: lo vio, tomó el otro lado del camino y pasó de largo.

³³"Pero llegó cerca de él un samaritano que iba de viaje, lo vio y se compadeció. ³⁴Se le acercó, curó sus heridas con aceite y vino y se las vendó. Después lo puso en el mismo animal que él montaba, lo condujo a un hotel y se encargó de cuidarlo. ³⁵Al día siguiente, sacó dos monedas y se las dio al hotelero, diciéndole: 'Cuídalo. Lo que gastes de más, yo te lo pagaré a mi vuelta' ".

³⁶Jesús entonces preguntó: "Según tu parecer, ¿cuál de estos tres se portó como prójimo del hombre que cayó en manos de los salteadores?" ³⁷El contestó: "El que se mostró compasivo con él". Y Jesús le dijo: "Vete y haz tú lo mismo".

³⁸Yendo de camino, entró Jesús en un pueblo y una mujer llamada Marta lo recibió en su casa. ³⁹Tenía ésta una hermana de nombre María, que se sentó a los pies del Señor para escuchar su palabra. ⁴⁰Marta, en cambio, estaba muy

La parábola del buen samaritano es una historia con la que se quiere romper con un modo de pensar para que los valores del Reino puedan hallar cabida en un sistema cerrado. Esto lo logra presentando a un samaritano, miembro del pueblo más despreciado y ridiculizado por los judíos, ejerciendo un servicio de amor que los líderes religiosos judíos habían evitado. Esto hubiera sido escandaloso y, para muchos judíos, algo increíble e inaceptable. La fuerza de la historia en el Evangelio de Lucas aumenta al tener en cuenta la falta de hospitalidad de los samaritanos en 9:52-53.

La historia ofrece además un ejemplo brillante del cumplimiento del mandamiento del amor. La pregunta del maestro de la Ley implica que hay personas que no son prójimos. La respuesta de Jesús dice que no hay nadie que no sea prójimo. El sacerdote y el levita conocían bien las exigencias de la Ley de Dios, y como el maestro de la Ley, podrían interpretarla para los demás, pero no veían su finalidad más profunda, mientras que el samaritano, con su ejercicio del amor, demostró que entendía bien la Ley.

10:38-42 Marta y María. A juzgar por la historia del buen samaritano, Marta merecería alabanza por su servicio práctico a Jesús. De hecho, su acción no es ni alabada ni condenada, pero se le invita a repensar sus prioridades. El servicio amoroso a los demás no incluye todo el evangelio, a pesar de ser tan importante. El discipulado cristiano es, sobre todo y ante todo, una adhesión personal a Jesús. Hay que tomarse el tiempo para escuchar su "palabra" (v. 39: singular en griego); la devoción a Jesús es "lo que es necesario". Esta relación se demuestra en el servicio amoroso, pero sin la oración, el interés por los demás puede ser amor o no serlo.

La parábola del buen samaritano y la historia de Marta y María, pues, muestran el doble mandamiento en el orden invertido: la acción del sa-

ocupada con los muchos quehaceres. En cierto momento se acercó a Jesús y le preguntó: "Señor, ¿no se te da nada que mi hermana me deje sola para atender? Dile que me ayude".

[41]Pero el Señor le respondió: "Marta, Marta, tú te inquietas y te preocupas por muchas cosas. [42]En realidad, una sola es necesaria. María escogió la parte mejor, la que no le será quitada".

11 [1]Un día estaba Jesús orando en lugar. Cuando terminaba su oración, uno de sus discípulos le pidió: "Señor, enséñanos a orar así como Juan enseñó a sus discípulos".

[2]El les dijo: "Cuando recen, digan Padre,

santificado sea tu Nombre, venga tu Reino. [3]Danos cada día el pan del día. [4]Perdónanos nuestros pecados, pues nosotros perdonamos a todo el que nos debe.

Y no nos dejes caer en la prueba".

[5]Les dijo también: "Supongan que uno de ustedes va a medianoche donde un amigo para decirle: Amigo, préstame, por favor, tres panes, [6]porque me llegó un amigo de viaje y no tengo nada que ofrecerle. [7]Pero el otro responde desde adentro: No me molestes; la puerta está cerrada y mis hijos y yo estamos acostados: no puedo levantarme a dártelos. [8]Yo les digo que, si el de

maritano da énfasis al amor al prójimo; la acción de María da énfasis al amor a Dios.

11:1-13 Jesús enseña a sus discípulos a orar. Los discípulos se dan cuenta de que la buena relación con el Padre (y con Jesús) depende de la oración. Jesús, como Juan Bautista, tenía que tener una visión especial de la oración que emanaba de su misión. En respuesta a la petición de sus discípulos, Jesús les enseña la oración dominical. Aquí el contexto es uno de oración mientras que en Mateo el "Padre Nuestro" es parte del Sermón de la Montaña (Mt 6:6-13).

La comparación de las dos versiones del "Padre Nuestro" revela una estructura y contenido básicamente idéntico por lo que reflejan la instrucción original de Jesús. Fueron editadas muy temprano por dos comunidades de diferente tradición; es difícil decidir cuál de las dos se acerca más a las palabras originales de Jesús. El texto de Mateo, que fue adaptado para uso litúrgico, se ha usado en la liturgia hasta ahora; el texto más breve de Lucas es menos conocido. Las dos comienzan con la palabra "Padre" (hebreo: *Abba*) que revela cómo Jesús se dirigía a Dios; ora en primer lugar por la glorificación del nombre de Dios en la tierra y el establecimiento pleno de su Reino. Después pasa a tratar de las necesidades de los discípulos: la protección diaria y continuada de Dios y su apoyo en las adversidades (las pruebas de cada día y especialmente la gran prueba del final de los tiempos). (N.E. Probablemente, para Lucas, la prueba y tentación diaria es el secularismo, la riqueza desmedida, y la total inmersión en los placeres de la vida). Con palabras muy parecidas las dos relacionan el perdón de Dios de nosotros con nuestro perdón de los demás.

afuera sigue golpeando, por fin se levantará a dárselos. Si no lo hace por ser amigo suyo, lo hará para que no lo siga molestando, y le dará todo lo que necesita.

⁹"Pues bien, yo les digo: Pidan y se les dará, busquen y hallarán, llamen a la puerta y les abrirán. ¹⁰Porque todo el que pide recibe, y el que busca halla, y, al que llame a una puerta, se le abrirá.

¹¹"¿Qué padre de entre ustedes, si su hijo le pide pescado, en vez de pescado le da una serpiente; ¹²o si le pide un huevo, le pasa un escorpión? ¹³Por lo tanto, si ustedes que son malos saben dar cosas buenas a sus hijos, cuánto más el Padre del Cielo dará espíritu santo a los que se lo pidan".

¹⁴Otro día, Jesús liberaba a un mudo de su demonio. Salió el demonio, habló el mudo y la gente quedó admirada. ¹⁵Pero algunos dijeron: "Este echa a los demonios con el poder de Beelzebú, jefe de los demonios".

¹⁶Otros, para ponerlo en apuros, exigían una señal que viniera realmente de Dios.

¹⁷Pero él, conociendo sus pensamientos, les dijo: "Todo reino dividido por luchas internas, corre a la ruina y sus casas se desmoronan unas sobre otras. ¹⁸Lo mismo Satanás, si está dividido en dos bandos, ¿cómo se mantendrá su reino? ¹⁹Pues bien, si yo echo los demonios por poder de Beelzebú, los amigos de ustedes, ¿con ayuda de quién los

La historia del amigo que viene a media noche y las frases que la acompañan, nos apremian a la perseverancia en la oración. Dios siempre responde a nuestras oraciones como más nos conviene, no como nosotros esperamos o deseamos. Los ejemplos extravagantes del amigo de media noche y del padre que daría serpientes o escorpiones a sus hijos subrayan cuán absurdo es el pensar que el Padre celestial pueda ser duro o cruel. Desea lo mejor para sus hijos e hijas—esto es, el Espíritu Santo, el don del tiempo futuro (cf. Hch 2:17). "Pedir. . . buscar. . . tocar" son tres modos de describir la oración de petición; pero "buscar" implica además la búsqueda del Reino de Dios y de la unión con el Padre.

11:14-28 Jesús y Beelzebú. Las palabras y acciones de Jesús con frecuencia provocan admiración en los que las presencian y reaccionan alabando a Dios (5:26), preguntando (4:36), maravillándose (9:43). La gente que presencia la expulsión del demonio mudo está ciega al significado del suceso. Unos ven la acción poderosa de Jesús en el peor sentido y otros piden más señales para creer. Este es el tipo de dureza de corazón que ni las diez plagas pudieron ablandar (Ex 7-11).

"Beelzebú" era el nombre popular del jefe de los demonios. Jesús muestra lo absurdo de la acusación. Si trabaja para Beelzebú, éste destruye su propio reino. Otros exorcistas judíos caerían bajo la misma sospecha. Jesús, echando a los demonios, es señal que un poder mayor está en acción, poder que sólo puede venir de Dios y que revela la llegada de su Reino. Jesús se compara con un guerrero victorioso que se lleva las armas en que Satanás confiaba. La neutralidad es imposible: el que no está

echan? También ellos deberán rebatir esta calumnia.

²⁰''¿Cómo echaría yo los demonios sino con el dedo de Dios? Sepan, pues, que el Reino de Dios ha llegado a ustedes. ²¹Cuando un hombre fuerte y bien armado guarda su casa, todas sus cosas están seguras, ²²pero si llega uno más fuerte y lo vence, le quita la armadura en que confiaba y distribuye todo lo que tenía.

²³''Quien no está conmigo, está contra mí, y quien no junta conmigo, desparrama.

²⁴''Cuando el espíritu malo ha salido de un hombre, anda vagando por lugares secos, en busca de reposo. Y, como no encuentra este reposo, dice: Volveré a mi casa de donde salí. ²⁵A su llegada, la encuentra barrida y ordenada. ²⁶Entonces va y se junta con otros siete espíritus peores que él; luego vuelve,

entra y se queda. Y el estado de este hombre llega a ser peor que el anterior''.

²⁷Mientras Jesús estaba hablando, una mujer levantó la voz en medio de la multitud y le dijo: ''¡Feliz la que te dio a luz y te amamantó!'' ²⁸Pero él declaró: ''¡Felices, pues, los que escuchan la palabra de Dios y la observan''.

²⁹Como la gente se juntaba en mayor número, Jesús empezó a decir: ''Estos hombres de hoy son gente mala; piden una señal, pero señal no tendrán. Solamente se les dará la señal de Jonás. ³⁰Porque, así como Jonás fue una señal para los habitantes de Nínive, así lo será el Hijo del hombre para esta generación.

³¹''En el día del Juicio la reina del Sur se pondrá en pie para acusar a toda esa gente, porque vino de los confines de la tierra para escuchar la sabiduría de

con Jesús esta de parte de Satanás. Remacha el punto con el ejemplo del espíritu impuro errante. Si el lugar dejado por el demonio no es ocupado por el Reino de Dios, aún seguirá perteneciendo al reino de Beelzebú; la falsa seguridad hace a uno más susceptible al dominio de Satanás.

Una mujer en medio de la multitud grita admirada de la acción de Jesús y de su sabiduría al responder a sus críticos. Alaba a la madre que lo dio a luz al mundo indicando que ese hecho y su relación física con Jesús la deben llenar de felicidad. Jesús responde que la verdadera felicidad consiste en escuchar la Palabra de Dios y en guardarla. Antes había dicho que la maternidad física está subordinada a la relación espiritual que es accesible a todos (8:21; cf. 6:47-48), incluída María, cuya grandeza ya se conoce (cf. 2:19, 51).

11:29-36 La señal de Jonás. Jesús se dirige a los que le piden más señales de su autoridad espiritual (v. 16). El es señal suficiente para esta generación. Se compara a Jonás con cuya predicación los habitantes de Nínive se convirtieron (Jon 3:5). Jesús tiene también un mensaje de salvación con tal de que la gente le escuche. La reina de Sabá vino a comprobar la sabiduría y riqueza de Salomón (1 Re 10:1-13). En el juicio, todos estos gentiles, como los habitantes de Tiro y de Sidón (Lc 10:13-14), serán reconocidos como más abiertos a la voluntad de Dios que este pueblo escogido suyo.

Salomón, y aquí hay alguien mucho mejor que Salomón. ³²En el día del Juicio los habitantes de Nínive se pondrán en pie para acusar a toda esa gente, porque cambiaron su conducta con la predicación de Jonás, y aquí hay alguien mucho mejor que Jonás.

³³"Nadie enciende una lámpara para esconderla o taparla con un envase, sino que la pone en el candelero, para que los que entren vean la claridad. ³⁴Tu ojo es tu lámpara. Si tu ojo es limpio, toda tu persona aprovecha la luz. Pero si es borroso toda tu persona está también en la confusión. ³⁵Cuida, pues, que la luz que hay en ti no se vuelva confusión. ³⁶Si toda tu persona se abre a la luz y no queda en ella nada oscuro, llegarás a ser pura luz, como cuando la lámpara te ilumina".

³⁷Cuando Jesús terminó de hablar, un fariseo lo invitó a comer a su casa. Entró y se sentó a la mesa. ³⁸Viendo esto, el fariseo le manifestó su asombro, porque no lo había visto lavarse las manos antes de la comida. ³⁹Pero el Señor le dijo: "Eso son ustedes, fariseos. Purifican el exterior de copas y platos, pero el interior de ustedes está lleno de rapiña y perversidades. ¡Estúpidos! ⁴⁰El que hizo lo exterior, ¿no hizo también lo interior?

⁴¹"Pero, según ustedes, basta dar limosna sin reformar lo interior y todo está limpio. ⁴²¡Pobres de ustedes, fariseos, porque dan para el Templo la décima parte de todas las hierbas, sin olvidar la menta y la ruda, y mientras tanto descuidan la justicia y el amor a Dios! Esto es lo que tienen que hacer sin dejar de hacer lo otro.

La imágen de la lámpara, usada antes en el contexto de escuchar la Palabra de Dios (8:16), se usa ahora en un contexto parecido. Jesús y el evangelio que predica son la luz (lámpara) que Dios ofrece a su pueblo. El rechazar la luz (por ejemplo, buscando señales) es preferir la oscuridad. La lámpara del evangelio está ardiendo siempre, pero no arde necesariamente "para ti" (v. 36). Una aplicación secundaria de la lámpara se hace a los ojos, vistos como ventanas que se pueden empañar impidiendo que la luz llegue a la persona.

11:37-53 Pobres de ustedes fariseos y doctores de la Ley. El fariseo que invita a Jesús a comer se extraña de que éste no siga el rito de lavarse las manos, aunque ésto era una costumbre de los fariseos no prescrita por la Ley. Su extrañeza provoca una respuesta con la que no contaba, no una contestación a la pregunta específica de la puriticación ritual sino una condena general de las actitudes religiosas de los fariseos. Mateo lo presenta con diferente orden en Mateo 23.

Jesús acusa a los fariseos de fijarse en lo exterior de la religión y de pasar por alto en su conducta lo más esencial. Menciona lo absurdo de limpiar la copa por fuera mientras por dentro está llena de maldad. El antídoto a la avaricia es el dar limosna. Lucas recoge varios dichos de Jesús sobre la necesidad de ser pobre (6:20; 14:33; 12:21), pero muestra también que las riquezas no se deben condenar si sirven a las necesidades de los demás y no esclavizan a la persona (12:15; 19:8; 16:13). Los

⁴³"¡Pobres de ustedes, fariseos, que gustan ocupar el primer puesto en las sinagogas y recibir saludos en las plazas! ⁴⁴¡Pobres de ustedes, porque son como esas tumbas que no se notan y sobre las que se camina sin saberlo!"

⁴⁵Un maestro de la Ley tomó entonces la palabra y dijo: "Maestro, al hablar así nos ofendes también a nosotros".

⁴⁶El contestó: "¡Pobres de ustedes también, maestros de la Ley!, que imponen a los hombres cargas insoportables, y luego, ni siquiera mueven un dedo para ayudarlos a que las lleven.

⁴⁷"Pobres de ustedes, que levantan sepulcros a los profetas, después que los mataron los padres de ustedes! ⁴⁸¿No será una manera de aprobar y de solidarizar con lo que hicieron sus padres? Ellos les dieron muerte, y ustedes ahora pueden construir.

⁴⁹"Ahora bien, la Sabiduría de Dios dice: Yo les voy a enviar profetas y apóstoles, pero ellos los matarán o los perseguirán. ⁵⁰Ustedes son a los que se pedirá cuenta de la sangre de todos los profetas que haya sido derramada desde la creación del mundo, ⁵¹desde la sangre de Abel hasta la de Zacarías, que encontró la muerte entre el altar y el santuario. Sí, yo les aseguro, la presente generación pagará todo.

⁵²"¡Pobres de ustedes, maestros de la Ley, que se adueñaron de la llave del conocimiento! Ustedes no entraron y no dejaron que otros entraran".

⁵³Cuando salió de ahí, los maestros de la Ley y los fariseos comenzaron a hostigarlo muy duramente: le pedían su parecer sobre un mundo de cosas, poniéndole trampas para ver si podían sorprenderlo en algún error.

diezmos que pagaban los fariseos debían llevarlos en esa dirección en lugar de servir para encubrir la falta de justicia y de caridad (v. 42; cf. 17:12). Su ceguera los hacía un peligro para los que iban a guiar.

Las palabras de Jesús ofenden a un maestro de la Ley sentado a la mesa. Estos expertos en la Ley de Moisés se llamaban "escribas" (v. 53), pero Lucas usa una palabra más inteligible para sus lectores griegos. Los escribas no pertenecían necesariamente a un grupo determinado de judíos, aunque muchos de hecho eran fariseos; Jesús los acusa de usar la Ley como vara para castigar al pueblo en lugar de interpretarla como un don de Dios. Se han apropiado la "llave del conocimiento", el verdadero medio para entender a Dios y su salvación, abusando y desviándose de ella.

La crítica de los escribas y fariseos lleva a la condenación de las prácticas de sus antepasados. Esteban sería apedreado por acusar a Israel de asesinar a los profetas (Hch 7:52-54). Jesús pide cuentas a la generación presente de la sangre de los mensajeros de Dios, desde la de Abel, el hijo de Adán y Eva (Gen 4), hasta la de Zacarías, el hijo de Joyada, sumo sacerdote en tiempo de Joas rey de Judá (A.C. 837–800), que fue muerto en el Templo al tratar de hacer volver a la nación al verdadero culto de Dios (2 Cro 24:17-22). Como resultado de este ataque, la hostilidad de los líderes judíos es abierta. La manifestan poniéndole trampas a Jesús.

12 ¹Entretanto, se habían reunido miles y miles de personas hasta el punto de que se aplastaban unos a otros. Jesús se puso a decir, primero a sus discípulos: "Desconfíen de la levadura, es decir, de la hipocresía de los fariseos. ²Nada se halla tan oculto que no vaya a ser descubierto, nada escondido que no deba ser conocido. ³Por eso, todo lo que digan a oscuras será oído de día claro; y lo que digan al oído, en los lugares más retirados, será proclamado sobre los tejados. ⁴"Yo les digo a ustedes amigos míos: No teman a los que matan el cuerpo y en seguida no pueden hacer nada más. ⁵Yo les voy a mostrar a quién deben temer: teman al que, después de quitarle a uno la vida, tiene poder de echarlo al infierno; créanme que a ése deben temer.

⁶"¿No se venden acaso cinco pajaritos por dos monedas? Y, sin embargo, Dios no olvida a ninguno de ellos. ⁷En cuanto a ustedes, hasta los cabellos de su cabeza están contados. No teman, pues, ustedes valen más que muchos pajarillos.

⁸"Yo les aseguro que cualquiera que me reconozca delante de los hombres, el Hijo del Hombre, a su vez, lo reconocerá delante de los ángeles de Dios; ⁹pero el que me desconozca en presencia de los hombres, será desconocido en presencia de los ángeles de Dios.

¹⁰"Toda persona que critique al Hijo del Hombre podrá ser perdonada, pero el que calumnie al Espíritu Santo no tendrá perdon.

¹¹"Cuando los lleven ante las sinagogas, los jueces y las autoridades, no se preocupen pensando cómo se van a de-

12:1-12 Discipulado valiente. La multitud aumenta mientras los líderes religiosos se enojan. Jesús continúa usando su viaje a Jerusalén como escuela para sus discípulos. Les hace fijarse en la hipocresía de los fariseos. Piensan que su fachada de respetabilidad va a cubrir lo que hay debajo. La frase que antes usó para la revelación de la Palabra de Dios, ahora la usa Jesús para enseñar que el juicio revelará todos los secretos personales. El punto se recalca con las imágenes de la luz del día y de los tejados.

Todo esto lleva a un aviso para los discípulos (aquí llamados "amigos", la única vez en los Sinópticos; cf. Jn 15:13-15) a ser abiertos y comprometidos con Jesús y el evangelio. El temor a los hombres no debe impedirles vivir su fe abiertamente. Los hombres sólo pueden matar el cuerpo. Sólo hay que temer a Dios (en el sentido de reverencia, porque nuestro destino está en sus manos), señor de vida y muerte, premio y castigo. El temor no es como el de un esclavo ante un amo cruel; Dios es Padre. Se preocupa de los pajaritos que valen tan poco. Sus hijos deben desconocer el miedo servil. "Ustedes valen más que muchos pajarillos". Esto no se podía decir con cara seria. Con una sonrisa, Jesús les quita el miedo (cf. v. 24).

En los Hechos de los Apóstoles, la predicación valiente del evangelio es señal de la presencia del Espíritu (Hch 4:29-31). Jesús tratará a sus discípulos como ellos le hayan tratado. Su fidelidad o cobardía no serán

fender o qué van a decir, ¹²porque el Espíritu Santo les enseñará en ese mismo momento lo que hay que decir".

¹³Uno, de en medio de la gente, llamó a Jesús: "Maestro, dile a mi hermano que reparta conmigo nuestra herencia". ¹⁴El le contestó: "Amigo, ¿quién me ha hecho juez o partidor de herencias entre ustedes?"

¹⁵Después les dijo: "Eviten con gran cuidado toda clase de codicia, porque, aunque uno lo tenga todo, no son sus pertenencias las que le dan vida".

¹⁶En seguida les propuso este ejemplo: "Había un hombre rico al que sus tierras le habían producido mucho. ¹⁷Se decía a sí mismo: ¿Qué haré? Porque ya no tengo dónde guardar mis cosechas. ¹⁸Pero pensó: Ya sé lo que voy a hacer, echaré abajo mis graneros y construiré otros más grandes, para guardar mi trigo y mis reservas. ¹⁹Entonces yo conmigo hablaré: Alma mía, tienes muchas cosas almacenadas para muchos años; descansa, come, bebe, pásalo bien". ²⁰Pero Dios le dijo: "Tonto, esta misma noche te reclaman tu alma, ¿quién se quedará con lo que amontonaste?" ²¹Así le pasa al que amontona para sí mismo en vez de trabajar por Dios.

²²Jesús dijo también a sus discípulos: "No se preocupen por la vida, pensando: ¿qué vamos a comer? No se in-

un secreto. El versículo 10 asegura que siempre hay la posibilidad del arrepentimiento después de haber negado al Hijo del Hombre. "Blasfemia contra el Espíritu Santo" es negar el poder o el deseo de Dios para salvar. Mientras exista tal actitud el perdón es imposible.

12:13-21 El rico pobre. Un hombre interrumpe a Jesús para pedirle ayuda para recobrar la parte de la herencia familiar que legalmente le pertenece. Además de falta de educación, la petición revela insensibilidad a la importancia de lo que Jesús acaba de decir. Los rabinos eran buscados para resolver disputas familiares. Jesús tiene la autoridad para ello (esencialmente como Hijo del Hombre), pero más allá de la petición ve la avaricia contra la cual había hablado a los Fariseos (11:39-42). Usa la oportunidad para contar una parábola sobre la trampa de las posesiones.

El hombre rico sería la envidia de muchos—tan rico que no tiene donde almacenar sus bienes. Es, sin embargo, un necio porque en medio de su buena fortuna ha perdido el sentido de lo que realmente es importante. Se imagina que puede controlar su vida. Las posesiones crean este tipo de ilusión. El rico es pobre a los ojos de Dios. No piensa en la posibilidad de compartir con los demás lo que posee. Las implicaciones de esta historia se llevarán adelante en la historia de otro rico (16:19-31). (N.E.: Los cristianos de Lucas tenían la tentación de "instalarse" en el mundo y ser como el rico necio; uno puede vivir contento con las cosas materiales como si Dios no existiera y como si éstas dieran la verdadera felicidad. Este tema es importante para Lucas, como se ve por lo que pone a continuación.)

12:22-34 La providencia del padre amoroso. La discusión sobre las posesiones lleva a uno de los asertos más radicales sobre la vida de fe. Lo

quieten por el cuerpo: ¿con qué nos vamos a vestir? 23Porque la vida es más que el alimento, y el cuerpo más que el vestido. 24Miren las aves; no siembran ni cosechan, no tienen despensa ni granero, y, sin embargo, Dios las alimenta. ¡Cuánto más valen ustedes que las aves! 25"Además, ¿quién de entre ustedes, por mucho empeño que haga, puede añadir un medio metro más a su estatura? 26Entonces, si ni siquiera las cosas más pequeñas están al alcance de ustedes, ¿por qué inquietarse por las mayores? 27Miren los lirios, que no hilan ni tejen. Pues bien, yo les declaro que ni el mismo Salomón, con todo su lujo, se vistió como uno de ellos. 28Y si Dios en el campo da tan lindo vestido a la hierba que hoy florece y mañana se echará al fuego, cuánto más hará por ustedes, gente de poca fe.

29"No estén siempre pendientes de lo que comerán o beberán; no se atormenten. 30Los que viven para el presente mundo se preocupan por todas estas cosas. Ustedes, en cambio, piensen que su Padre sabe lo que necesitan. 31Por tanto, trabajen por su Reino, y él les dará todas estas cosas por añadidura.

32"No temas, pequeño rebaño, porque al Padre de ustedes le agradó darles el Reino. 33Vendan lo que tienen y repártanlo en limosnas. Háganse bolsas que no se gasten, y júntense riquezas celestiales que no se acaban, donde el ladrón no puede llegar ni la polilla destruir. 34Porque, donde está tu tesoro, ahí también estará tu corazón.

que dice sobre el modo de vivir va directamente contra la prudencia humana natural: precaución de cara a las necesidades y contingencias. Jesús dice que el estar pendiente de esas cosas es indicio de falta de fe (v. 28) y de no entender a nuestro Dios. Lo que se condena aquí es la ansiedad en la vida que niega que Dios sea Padre amoroso que tiene todo providencialmente bajo su control.

Jesús había vencido en el desierto esta tentación declarando que hay algo más importante que el pan para la vida (4:4). Por mucho que uno cuide su salud y seguridad, la vida de uno está totalmente bajo el control de Dios. Si Dios cuida de los pájaros, adorna las flores y da el sol y la humedad a la hierba que luego perecen. Ustedes estan destinados a vivir en su Reino para siempre: ¿No los cuidará? El estar libre de la ansiedad es señal de fe. La primera preocupación debe ser el establecimiento del Reino de Dios (Padre Nuestro: 11:2). Es absurdo malgastar la vida en construir un reino que se desmorona mientras que el Padre quiere darte su propio Reino eterno.

Finalmente, Jesús vuelve al tema de la limosna (11:41). El compartir lo que uno necesita es la mejor manera de aprender la libertad del Reino. La actitud hacia los bienes terrenos no es algo indiferente o inocente; es el barómetro de lo que es importante en la vida de una persona. (N.E.: Para Lucas, como para nosotros, la grandeza de la persona no se mide por lo que posee sino por lo que comparte; lo compartido es la verdadera riqueza, riqueza acumulada ante Dios; esa riqueza no se desvalúa con la inflación.)

³⁵"Tengan puesta la ropa de trabajo, y que sus lámparas estén encendidas. ³⁶Estén como hombres que esperan a su patrón: el tiene que regresar de las bodas, y le abrirán apenas llegue y golpee a la puerta. ³⁷Felices los sirvientes a los cuales el patrón encuentre velando cuando llegue. Yo les digo que él mismo se pondrá el delantal, los hará sentarse a su mesa y los servirá uno por uno. ³⁸Felices si los encuentra así, aunque se presente a la medianoche o de madrugada.

³⁹"Sépanlo bien: Si el dueño de casa supiera a qué hora vendrá el ladrón, estaría preparado para no permitirle entrar en su casa. ⁴⁰Ustedes también estén preparados, porque en el momento menos pensado, vendrá el Hijo del Hombre".

⁴¹Pedro dijo entonces: "Este ejemplo, ¿lo dijiste para nosotros no más o para todos?" ⁴²El Señor contestó: "Cuál es entonces el mayordomo fiel e inteligente que el patrón pondrá al frente de sus sirvientes para repartirles a su debido tiempo la ración de trigo? ⁴³Feliz ese servidor al que su patrón, cuando llegue, encuentre tan bien ocupado. ⁴⁴Yo les declaro que lo pondrá al frente de todo lo que tiene. ⁴⁵Pero si ese servidor se pone a pensar: '¡Mi patrón demora en llegar!', y empieza a golpear a sirvientes y sirvientas, a comer, a beber y a emborracharse, ⁴⁶vendrá su patrón el día que no lo espera y a la hora menos pensada; le quitará el puesto y lo tratará como a los traidores.

⁴⁷"El servidor que, sabiendo lo que quiere su patrón, no tenga nada preparado, ni haya cumplido lo mandado, recibirá un severo castigo. ⁴⁸En cambio, el que, sin saberlo, hace cosas que merecen castigo, no será castigado con tanta seriedad. Al que se le ha dado mucho se le exigirá mucho, y al que se

12:35-48 Esperando la vuelta del Señor. La mención del Reino, el ladrón, y el tesoro lleva a Lucas a añadir algunas frases sobre la venida del Hijo del Hombre al final del mundo (*parousia*) y el juicio. La fe se prueba con la preparación continua para la vuelta del Señor. De varios modos Jesús afirma que la venida será sorpresiva (17:20; Mc 13:33). Se compara con la vuelta del señor de una boda porque se sabe que volverá pero no se sabe cuando, y con la venida de un ladrón que ni siquiera es segura. Estas enseñanzas de Jesús han sido adaptadas a la primitiva Iglesia que experimentaba el retraso de la venida, especialmente la referente a los líderes de la comunidad (vv. 41-48). Al fondo de todo están las enseñanzas auténticas de Jesús, ya que ningún discípulo hubiera osado comparar al Hijo del Hombre con un ladrón (vv. 39-40).

El atarse los cinturones recuerda las instrucciones del Exodo (Ex 12:11). Los hebreos debían estar preparados para ponerse en marcha tan pronto como el Señor viniera. Los discípulos de Jesús deben estar preparados a abrirle al Señor "sin demora". La respuesta a la pregunta de Pedro (v. 41) dirige el discurso especialmente a los líderes cristianos. El cuidado de lo que a uno se le ha confiado anticipa la parábola de las sumas de dinero (19:11-27). Las frases sobre la distribución de responsabilidades o dones en el versículo final de la sección se aplican especialmente a los

le ha confiado mucho, se le pedirá más aún. [49]"Vine a traer fuego a la tierra, ¡y cuánto desearía que ya estuviera ardiendo! [50]Pero también he de recibir un bautismo y ¡qué angustia siento hasta que se haya cumplido! [51]Creen ustedes que yo vine para establecer la paz en la tierra? Les digo que no, sino la división. [52]En efecto, de ahora en adelante en una casa de cinco personas, habrá división, tres contra dos y dos contra tres; [53]división de padre contra hijo y de hijo en contra de su padre, de madre contra hija y de hija en contra de su madre, de suegra contra nuera y de nuera en contra de su suegra".

[54]Decía además Jesús a la gente: "Cuando ustedes ven la nube que se levanta el poniente, inmediatamente dicen que va a llover; y así sucede. [55]Cuando sopla el viento sur, dicen que hará calor, y así sucede. [56]¡Hipócritas! Ustedes saben interpretar el aspecto de la tierra y del cielo ¿y no comprenden el tiempo presente?

[57]"¿Por qué no reconocen ustedes mismos lo que es justo? [58]Y mientras vas donde las autoridades con tu enemigo, aprovecha la caminata para reconciliarte con él, no sea que te arrastren delante del juez y que el juez te aplique la justicia y te echen a la cárcel. [59]Yo te aseguro que no saldrás de ahí sino cuando hayas pagado hasta el último centavo".

13 [1]En ese momento se presentaron algunos y le contaron a Jesús lo que había pasado con los galileos a que están en posiciones de autoridad, pero también se aplican a todos los que han recibido dones espirituales y materiales.

12:49-59 La urgencia del Reino. Jesús ha dejado ver a sus discípulos de modo general cómo culminará su misión con la vuelta del Hijo del Hombre para el juicio. Está encendiendo un fuego en la tierra. El juicio va sucediendo conforme la gente decide en pro o en contra de él. El fuego es también símbolo del Espíritu Santo (Hch 2:3-4); el fuego del Espíritu Santo será traído a la tierra con los acontecimientos que van a suceder en Jerusalén. El "bautismo" de Jesús es la inmersión en su misión salvadora, un prospecto que produce diversas emociones por el sufrimiento que lleva consigo (cf. Mc 10:38-39). Algunas de sus enseñanzas sobre el perdón y la paz podrían haber dado la impresión de que predicaba un evangelio fácil; Juan Bautista pareció preocuparse por eso (7:18-23). Jesús asegura a sus oyentes que el discipulado cristiano es costoso y que producirá división en el corazón de las familias (cf. Mt 7:6). Los Evangelios nos dan a entrever las diversas opiniones sobre Jesús entre los suyos (Mc 3:21; Jn 7:5).

El desafío evangélico es claro. Cualquiera que vea nubes y vientos puede ver las señales de los tiempos. Es de hipócritas el cerrar los ojos a los signos evidentes de la llegada del Reino. Al tratar de engañar a otros, el hipócrita se engaña a sí mismo. Aun hay tiempo para decidirse, les dice Jesús, pero no deben dar largas al asunto. Cuando llegue el juicio les pesará el no haberlo arreglado todo antes de llegar al tribunal.

13:1-9 Cambiar mientras haya tiempo. Jesús continúa llamando a decidirse y convertirse, haciendo referencia a desastres de su tiempo y con-

quienes Pilato había dado muerte en el Templo, mezclando su sangre con la de sus sacrificios.

²Jesús les contestó: ''¿Creen ustedes que esos galileos eran más pecadores que todos los otros galileos por haber sufrido esa desgracia? ³Yo les digo que no, pero si ustedes no toman otro camino, perecerán igualmente. ⁴Y esas dieciocho personas que fueron aplastadas, cuando la torre de Siloé se derrumbó, ¿creen ustedes que eran más culpables que los demás habitantes de Jerusalén? ⁵Les digo que no, pero, si no toman otro camino, todos perecerán igualmente''.

⁶Jesús les puso además esta comparación: ''Un hombre tenía una higuera que crecía en medio de su viña. Fue a buscar higos pero no halló. ⁷Dijo entonces al viñador: 'Mira, hace tres años que vengo a buscar higos a esta higuera,

pero nunca encuentro nada. Córtala, pues no sirve más que para agotar la tierra'. ⁸Pero él contestó: 'Patrón, déjala un año más, así tendré tiempo para cavarle alrededor y echarle abono. ⁹Puede ser que así dé frutos en adelante, si no, la cortarás' ''.

¹⁰Jesús enseñaba un sábado en una sinagoga. ¹¹Había justamente ahí una mujer que, hacía dieciocho años, estaba poseída de un espíritu que la tenía enferma; y estaba tan encorvada que de ninguna manera podía enderezarse. ¹²Al verla Jesús, la llamó. Luego le dijo: ''Mujer, quedas libre de tu mal'', ¹³y le impuso las manos. Y en ese mismo momento ella se enderezó, alabando a Dios.

¹⁴Pero el presidente de la sinagoga se enojó porque Jesús había hecho esta curación en día sábado, y dijo a la gente: ''Hay seis días en los que se puede tra-

tando una parábola. Pilato tenía fama de duro e insensible hacia los sentimientos judíos. El primer incidente, no conocido por otras fuentes, se refiere a la muerte de algunos galileos mientras ofrecían sacrificios (probablemente en el Templo de Jerusalén, por Pascua). El segundo ejemplo alude a lo que debió ser un accidente de construcción en la alberca de Siloé, en Jerusalén. La creencia popular asociaba los desastres con el castigo de un pecado (Job 4:7-8; Jn 9:2). Jesús dice que ahora la buena fortuna y los desastres no son indicaciones del estado espiritual de las personas (cf. Mt 5:45). Pero en el juicio venidero los que hacen el mal sufrirán el desastre. Ahora hay que probar con el modo de vivir que se está comprometido por el Reino (cf. 6:43-44). Quizás se nos dé más tiempo, como a la higuera. El juicio imprevisto vendrá con certeza.

13:10-17 Curaciones e hipocresía. Antes presentó dos incidentes en sábado (6:1-11). Aquí inserta esta curación en sábado con ejemplo de la ceguera hipócrita de la que ha estado hablando (12:54-57). El jefe de la sinagoga no ve lo que sucede ante sus ojos—la llegada del Reino en la liberación de una pobre mujer de sus dieciocho años de sufrimiento. Está tan atado a la letra de la Ley que no ve su espíritu. Los fariseos permitían cuidar a los animales en sábado (cf. 14:5): ¿Por qué negarle a esta mujer un don extraordinario de Dios? (N.E.: Para ese jefe, como para algunos hoy, los animales merecían mejor trato que las personas.) La reacción del

bajar; vengan, pues, en esos días para que los sanen, pero no en día sábado".

¹⁵El Señor le respondió: "Hipócritas, ustedes mismos, ¿no desatan del pesebre en día sábado a su buey o a su burro para llevarlos a beber? ¹⁶Y esta hija de Abraham que Satanás tenía atada desde hace dieciocho años, ¿no se debía desatarla precisamente en día sábado?" ¹⁷Y mientras hablaba Jesús, sus adversarios se sentían avergonzados; pero toda la gente estaba feliz por tantas maravillas que él hacía.

¹⁸Dijo Jesús además: "¿A qué cosa se asemeja el Reino de Dios, y con qué lo puedo comparar? ¹⁹Es semejante a un grano de mostaza que un hombre toma y siembra en su jardín. Crece, llega a ser arbusto y los pájaros del cielo se posan en sus ramas".

²⁰Y dijo otra vez: "¿A qué cosa puedo comparar el Reino de Dios? ²¹Es semejante a la levadura que toma una mujer y la mezcla con tres medidas de harina, hasta que todo fermenta".

²²Iba Jesús enseñando por ciudades y pueblos mientras se dirigía a Jerusalén. ²³Alguien le dijo: "Señor, ¿es verdad que pocos hombres se salvarán?"

²⁴Jesús respondió: "Esfuércense por entrar por la puerta angosta, porque muchos tratarán de entrar y no podrán:

oficial es la prevista: en lugar de enfrentarse con el sanador, descarga su ira sobre la gente. La acción causa división; el juicio está sucediendo.

13:18-21 Dos parábolas sobre el Reino de Dios. Estas dos parábolas recalcan los grandes resultados que pueden seguir a comienzos humildes. El pequeño grano de mostaza se convierte en arbusto de hasta tres metros. Un poco de levadura hace que la masa se vuelva varias veces más grande. Jesús emplea estos ejemplos diarios para explicar el Reino. El Reino de Dios no se puede describir o explicar bien con el lenguaje humano, pero el mundo está lleno de señales de este Reino. Las parábolas nos dan una idea. De estas dos parábolas se aprende principalmente que debemos ver los comienzos del Reino en los sucesos más pequeños (a los ojos del mundo) y en la gente más insignificante. Una mujer encorvada, por ejemplo, es señal del reino en la narración precedente.

Aunque una parábola tiene un solo punto de aplicación, y es algo que explica el significado de la vida y cuestiona los prejuicios, una parábola puede tener otras aplicaciones. La Iglesia primitiva vio más significado también en el arbusto y los pájaros a medida que la Iglesia se extendió y los gentiles encontraron su casa en la comunidad cristiana (v. 29). La idea de la levadura llevaría naturalmente a pensar en el influjo de los cristianos en el mundo.

13:22-30 La puerta estrecha. Esta sección hace varias referencias a la seriedad de la proclamación del Reino de Dios y a la necesidad de una decisión bien pensada para encaminar a Jerusalén con Jesús en una jornada que acaba en el sufrimiento y la muerte (9:22-23). Lucas nos vuelve a recordar que Jesús va de camino a Jerusalén de acuerdo al plan divino. La pregunta que le hacen le da la oporeunidad de mencionar de nuevo

yo se lo digo. ²⁵Cuando el dueño de casa se decida a cerrar la puerta, ustedes quedarán afuera y se pondrán a golpear, diciendo: ¡Señor, ábrenos! Pero él les contestará: No sé de dónde son ustedes. ²⁶Entonces ustedes comenzarán a decir: Nosotros comimos y bebimos contigo, tú enseñaste en nuestras plazas. ²⁷Pero él contestará: No sé de dónde son ustedes. Aléjense de mí todos los malhechores.

²⁸''Allí será el llanto y el rechinar de dientes, cuando vean a Abraham, a Isaac, a Jacob y a todos los profetas en el Reino de Dios, mientras ustedes habrán sido echados fuera.

²⁹''Y vendrán hombres del oriente y del poniente, del norte y del sur, a tomar parte del festín, en el Reino de Dios. ³⁰Pues algunos que ahora son últimos, serán los primeros, y en cambio los que ahora son primeros, serán los últimos''.

³¹En ese momento, unos fariseos vinieron a decirle: ''Márchate de aquí porque Herodes quiere matarte''. ³²Jesús contestó: ''Vayan a decirle a ese zorro: Mira que hoy y mañana arrojo demo-

las dificultades de su seguimiento. No responde a la pregunta, pero afirma que muchos no se salvan. Se menciona expresamente el triste caso de los que se imaginaban seguir a Jesús aunque su relación con él no era firme. Comieron y bebieron con él pero sin tener comunión íntima con él; oyeron su enseñanza pero no la aceptaron como Palabra de Dios que había que poner en práctica (8:21). Las duras palabras de Jesús que los llama ''malhechores'' es un desafío a los lectores de Lucas para dirigir sus pasos hacia Jerusalén con Jesús mientras hay tiempo.

Los patriarcas y profetas de Israel esperan compartir el banquete del Reino con los que aun están en camino. Muchos de los que comieron y bebieron con Jesús no estarán allí, pero habrá otros que no le conocieron cuando ejerció su ministerio en Israel. El evangelio se predicará a los gentiles; entrará al Reino viniendo de todo el mundo. Los lectores de Lucas, en su mayoría de origen gentil, escucharían ávidamente estas palabras, aunque se les prevenía de que no dieran por supuesto el comer y beber con Jesús en la Eucaristía. La frase final va contra la presunción y contra la desesperación; mientras dure la jornada, unos podrán caducar y otros podrán unirse.

13:31-35 El camino del profeta. No se describe la actitud de los fariseos que le avisan sobre Herodes, pero su intervención suena más a hostilidad que a ayuda (cf. 11:53-54). Herodes posiblemente expresó su deseo de librarse del agitador. La referencia de Jesús a ''ese zorro'' puede apuntar a la amenaza calculada que tiene por fin empujarle al lugar donde los profetas tradicionalmente encontraban su fin. Dos veces Jesús describe su misión y tarea en términos de ''tres días'' que para San Lucas presagian la resurreccion: ''Al tercer día llego a mi término''. El tema de la tarea divina es muy fuerte. No importan los deseos de los poderosos; Jesús seguirá fiel al plan establecido. Implica que Dios no va a permitir

nios y hago curaciones, y al tercer día llego a mi término. ³³Pero hoy, mañana y pasado mañana, tengo que seguir mi camino, porque no conviene que un profeta sea muerto fuera de Jerusalén. ³⁴''Jerusalén, Jerusalén, que matas a los profetas y apedreas a los que se te envían! ¡Cuántas veces he querido reunir a tus hijos como la gallina reúne a sus polluelo debajo de sus alas, y tu lo has querido! ³⁵Pues bien, ustedes se quedarán con su casa vacía. Y les digo que ya no me verán hasta que llegue ese tiempo en que ustedes dirán '¡Bendito sea el que viene en el Nombre del Señor!' ''

14 ¹Una vez, Jesús fue a comer a la casa de uno de los fariseos más importantes. Era sábado, y ellos lo estaban espiando. ²Y precisamente había allí, delante de él, un hombre que sufría de hinchazones. ³Jesús, pues, preguntó a los maestros de la Ley y a los fariseos: ''¿Está permitido devolverle a alguien la salud en día sábado, o no?'' ⁴Ellos se quedaron callados. Entonces Jesús toma de la mano al enfermo, lo sana y lo despide. ⁵Después les dice a ellos: ''¿Quién de ustedes, si su burro o su buey llega a caer a un pozo, no lo saca en seguida aun en día sábado?'' ⁶Y ellos no supieron qué contestar.

⁷Al notar cómo los invitados buscaban los primeros lugares, les dio esta lección: ⁸''Si alguien te invita a una comida

interferencias en su plan, aunque reyes tendrán un papel en él (Hch 4:27). La confrontación entre los profetas y sus enemigos con frecuencia tuvo lugar en Jerusalén y hasta en el Templo (11:51; cf. Jer 26:20-24). Aunque históricamente los asesinatos no sucedieron exclusivamente en Jerusalén (1 Re 18:4), esta ciudad era el corazón de la región y del pueblo, símbolo de la oposición a los profetas (Hch 7:51-52).

Recordando la trágica hostilidad de Jerusalén contra los enviados de Dios, Jesús se lamenta sobre la ciudad, viéndose a sí mismo como el último en la línea de profetas asesinados allí. Anuncia el abandono del Templo. El predice el desamparo de la ''casa'', que probablemente se refiere a toda la ciudad. A Jesús no lo verán en Jerusalén antes de tiempo. Todavía tiene que seguir caminando según el plan establecido. Eventualmente llegará y será aclamado con unas alabanzas (19:38) que pondrán de relieve la ironía de su rechazo.

14:1-6 Sana de nuevo en sábado. Por tercera vez Lucas presenta a Jesús en casa de un fariseo (7:36; 11:37). El hombre hidrópico, enfermedad en la que el cuerpo se hinchaba por exceso de fluidos, era posiblemente uno de los invitados. Quizás la posibilidad de su curación hizo a los huéspedes hablar de la curación en sábado, pero permanecen callados. Jesús sana al hombre. Luego, trata de abrir la mente de los oyentes demostrándoles lo absurdo que es el no sanar en sábado, el día dado por Dios para el bien de las personas; el argumento es semejante al que usó en la sinagoga (13:15).

14:7-14 Honor y alabanza mundanos. Jesús cuenta la parábola aconsejando a los huéspedes. Jesús parece usar una motivación muy baja. Los

de bodas, no ocupes el primer lugar. Porque puede ser que haya sido invitado otro más importante que tú. [9]Entonces el que los invitó a los dos vendrá a decirte: deja tu lugar a esta persona. Y tú, rojo de vergüenza, tendrás que ir a ocupar el último asiento. [10]"Al contrario, cuando te inviten, ponte en el último lugar, y, cuando llegue el que te invitó, te dirá: Amigo, acércate más. Y será un honor para ti en presencia de todos los que estén contigo a la mesa. [11]Porque el que se eleva será humillado y el que se humilla será elevado".

[12]Jesús decía también al que lo había invitado: "Cuando des un almuerzo o una comida, no invites a tus amigos, ni a tus hermanos, ni a tus parientes, ni a vecinos ricos porque ellos también te invitarán a su vez y recibirás de ellos lo mismo que diste. [13]Al contrario, cuando ofrezcas un banquete, invita a los pobres, a los inválidos, a los cojos, a los ciegos, [14]y serás feliz porque ellos no tienen con qué pagarte. Pero tu recompensa la recibirás en la resurrección de los justos".

[15]A estas palabras, uno de los invitados le dijo: "Feliz el que tome parte en el banquete del Reino de Dios".

---

huéspedes no deben buscar los primeros puestos no porque ello sea señal de orgullo y egoísmo, sino para que puedan ser honrados después. Los huéspedes de honor solían llegar tarde precisamente para hacerse notar al ir a ocupar sus lugares reservados. El texto podría verse como una invitación a no buscar gloria humana abiertamente sino a usar la humildad como subterfugio. Jesús emplearía una imagen mundana, solamente porque era tan conocida. Lo que quería decir aparece en su gran frase: "Todo el que se eleva será humillado y el que se humilla será elevado". No hay que buscar la propia exaltación ni abierta ni veladamente. Jesús había ya antes corregido a los discípulos por querer ser importante (9:46-48).

Un motivo semejante parece verse cuando uno se fija superficialmente en las palabras de Jesús a su huésped. Parece que uno invita o para que lo inviten, o uno da a los pobres para poder resucitar con los justos. Sin embargo, el punto que se hace es que hay que hacer el bien en libertad total, sin hacer cálculos, dejando el premio en manos de Dios. De ese modo Jesús pasó haciendo el bien, dándose a los demás, sin mirar el costo. Hay una exageración semítica al decir que no hay que invitar a amigos, parientes, y vecinos. El Reino es para todos, por lo que nuestra hospitalidad debe abrazar a todos, especialmente a los ignorados por la gente egoísta.

14:15-24 El gran banquete. La mención de la resurrección hace que los comensales repitan una de sus exclamaciones favoritas: Bienaventurados los invitados al gran banquete del Reino de Dios. Jesús decide darles una respuesta al notar la actitud confiada de los fariseos y escribas que

¹⁶Jesús respondió: "Un hombre daba un gran banquete, e invitó a mucha gente. ¹⁷A la hora de la comida, envió a su sirviente a decir a los invitados: 'Vengan, ya está todo listo'. ¹⁸"Pero todos, sin excepción, comenzaron a disculparse. El primero le dijo: 'Compré un campo y es necesario que vaya a verlo; te ruego que me disculpes'. ¹⁹El otro dijo: 'Acabo de comprar cinco yuntas de bueyes y voy a probarlas. Te ruego que me disculpes'.

²⁰Otro dijo: 'Acabo de casarme y por esta razón no puedo ir'. ²¹"El sirviente, al regresar, contó todo esto a su patrón. Este se enojó; pero dijo al sirviente: 'Anda rápido por las plazas y calles de la ciudad y trae para acá a los pobres, a los inválidos, a los ciegos y a los cojos'. ²²Volvió el sirviente y dijo: 'Señor, se hizo lo que mandaste y todavía queda lugar'. ²³"El patrón le contestó: 'Anda por los caminos y por los límites de las pro-

se sienten seguros de su salvación. Se sienten seguros por su observancia de las prescripciones religiosas aunque estas les cierren la puerta para hacer el bien (vv. 1-6). Cuenta una parábola sobre los que no toman en serio la invitación y los que con su actitud casual pierden el derecho a participar en el banquete y son reemplazados por otros. El significado original tenían en vista a los judíos observantes que confiaban en su religiosidad y que eran aventajados por los que ellos consideraban marginados: la Iglesia primitiva hizo la comparación obvia entre el rechazo de Israel y la apertura de los paganos al evangelio.

El huésped de esta historia ha invitado a sus amigos y parientes (cf. v. 12) antes que a los pobres e inválidos. Según la etiqueta del tiempo, se enviaba un mensajero especial a los huéspedes a la hora del banquete, aunque ya habían sido invitados antes con tiempo. También se acostumbraba a no aceptar la invitación de inmediato para hacerse de rogar. Este es el sentido de la palabra "obligar" en el v. 23. Para cuando llega la invitación final, los invitados han hecho otros planes. Sus excusas podían ser legítimas. Un hombre era excusado del servicio militar si compraba una casa o una viña, y si se casaba (Dt 20:5-7; 24:5). Pero los huéspedes no tuvieron la consideración de informar sobre sus cambios de planes. No tomaron la hospitalidad con seriedad, por lo que el patrón se enfureció.

La invitación al banquete de la salvación no debe tomarse a la ligera. Jesús insinúa que algunos de los sentados a la mesa con él no se dan cuenta de la urgencia del tema. El patrón manda a su siervo ir "rápido" a llenar los lugares del banquete. Dios quiere que su casa se llene rápidamente; quiere el mayor número posible de comensales en el banquete mesiánico. La frase final (v. 24) se dirige a los reunidos en la casa del fariseo ("les declaro", a ustedes, en plural): si se creen con derecho a la felicidad del Reino (v. 15), es posible que pasen por alto la oportunidad

piedades y obliga a la gente a entrar, de modo que mi casa se llene. ²⁴Porque, se lo digo, ninguno de esos señores que yo había invitado probará mi banquete' ''.

²⁵Caminaban con Jesús grandes multitudes y, dirigiéndose a ellos, les dijo: ²⁶''Si alguno quiere venir a mí, y no deja a un lado a su padre, a su madre, a su mujer, a sus hijos, a sus hermanos, a sus hermanas, y aun a su propia persona, no puede ser mi discípulo. ²⁷El que no carga con su cruz para seguirme, no puede ser mi discípulo.

²⁸''En efecto, cuando uno de ustedes quiere construir una casa en el campo, ¿no comienza por sentarse a calcular los gastos, para ver si tiene con qué terminar? ²⁹Porque si pone los cimientos y después no puede acabar la casa, todos

los que lo ven se burlarán de él ³⁰y dirán: Ahí tienen a un hombre que comenzó a construir y fue incapaz de concluir.

³¹''Cuando un rey parte a pelear contra otro rey, ¿no comienza por sentarse a examinar si puede con diez mil hombres hacerle frente al otro que viene contra él con veinte mil? ³²Y si no puede, envía lejos todavía, para llegar a un arreglo. ³³Del mismo modo, cualquiera de ustedes que no renuncia a todo lo que tiene, no puede ser discípulo mío.

³⁴''La sal es una cosa buena, pero, si la misma sal pierde su sabor, ¿con qué se la salará? ³⁵No sirve para el campo, ni se puede mezclar con el abono: entonces la echarán fuera. El que tenga oídos para oír, ¡que oiga!''

urgente de responder a la invitación y que no hagan el bien que se les exige.

14:25-35 Lo que cuesta seguir a Jesús. Jesús prosigue su viaje a Jerusalén (v. 25). La falta de responsabilidad de los invitados al banquete da oportunidad al evangelista para añadir otras enseñanzas de Jesús sobre la seriedad del discipulado. No se puede responder a medias al llamado a seguir a Cristo (v. 35); tal actitud revela un error serio. Estos versículos tienen el mismo tono que los del comienzo del viaje a Jerusalén (9:57-62).

Jesús vuelve al tema de la división en la familia ocasionada por el evangelio (cf. 12:51-53). La palabra ''prefiere'' (v. 26) en griego dice literalmente ''odia'': Jesús dice que los discípulos deben ''odiar'' padre, madre, y familia. Esta es otra exageración semítica para subrayar que uno debe deshacerse de todo lo que impida el responder a Jesús, incluídas las relaciones más íntimas. La Biblia Latinoamericana traduce bien aquí el pensamiento del evangelista. Ese es el mensaje radical de la cruz (cf. 9:23).

El discipulado es una vocación que lo exige todo. Hace falta madurez y deliberación para aceptarlo. Jesús emplea dos ejemplos: un hombre prudente no comenzaría una construcción sin calcular sus recursos para llevarla a cabo; sólo un loco iría a la guerra sin considerar el riesgo. El punto clave para el cristiano es que la renuncia es la sal del discipulado. Cuando el discípulo comienza a regatear, el discipulado es una broma. La parábola de la sal tenía varias aplicaciones. Mateo la une a la imagen de la

15 ¹Todos, publicanos y pecadores, se acercaban a Jesús para escucharlo. ²Los fariseos, pues, con los maestros de la Ley murmuraban y criticaban: "Este hombre recibe a los pecadores y come con ellos".

³Entonces Jesús les dijo esta parábola: ⁴"Si uno de ustedes pierde una oveja de las cien que tiene, ¿no deja las otras noventa y nueve en el campo para ir en busca de la que se perdió, hasta encontrarla? ⁵Y cuando la encuentra, muy feliz, la pone sobre los hombros ⁶y, al llegar a su casa, reúne amigos y vecinos y les dice: Alégrense conmigo, porque encontré la oveja que se me había perdido.

⁷"Yo les declaro que de igual modo habrá más alegría en el cielo por un solo pecador que vuelve a Dios que por noventa y nueve justosa que no tienen necesidad de convertirse.

⁸"Cuando una mujer pierde una moneda de las diez que tiene, ¿no enciende una luz, no barre la casa y la busca cuidadosamente, hasta hallarla? ⁹Y apenas la encuentra, reúne a sus amigas y vecinas y les dice: Alégrense conmigo, porque hallé la moneda que se me había perdido.

luz para representar los buenos ejemplos (Mt 5:13); en Marcos, la sal es fuente de paz para la comunidad (Mc 9:50).

15:1-10 Perdido y hallado. Este capítulo gira en torno a la alegría de encontrar lo perdido. Las tres parábolas hablan de la vuelta del pecador; la historia del hijo pródigo desarrolla el tema del amor de Dios contrastado con la hostilidad del hermano mayor. Jesús estaba rodeado de "publicanos y pecadores" lo cual llevó a los escribas y fariseos a murmurar (cf. 7:39).

Jesús interpela directamente a sus oyentes: "Si uno de ustedes. . .". Sugiere que todos harían lo que de hecho pocos hacen, pero la atracción del interés excesivo de este individuo lleva a sus oyentes a querer dar una respuesta afirmativa. Por un segundo nos lleva al mundo de Dios imaginándonos actuar como él actuaría. La alegría del pastor es como la de Dios; su amor a la oveja devolviéndola al rebaño es tan personal y directo como el de Dios. Francis Thompson tiene una poesía, *Hound of Heaven* ("El divino perro de caza"), que es como un comentario de esta parábola. La alegría del cielo proviene del cambio de corazón del pecador (*metanoia*: cf. 3:3; 5:32). "No tienen necesidad de convertirse" es irónico y trágico (cf. 5:32; 7:47).

La segunda parábola dice lo mismo con una imagen diferente. La mujer ha perdido una de sus diez monedas, una *dracma* de plata. Pone la casa patas arriba en busca de esta moneda, una de diez, que quizás era parte de su dote de matrimonio y tiene valor sentimental para ella. Su gozo es como el del cielo por el pecador arrepentido. Debe ser compartido. Es demasiado para una sola persona. Ella y el pastor invitan a sus amistades y vecinos a la celebración alegre. También las otras nueve monedas y las noventa y nueve ovejas son importantes, pero el gozo del Reino

¹⁰"Les declaro que de la misma manera, hay gozo entre los ángeles de Dios por un solo pecador que cambia su corazón y su vida".

¹¹Jesús puso otro ejemplo: "Un hombre tenía dos hijos. ¹²El menor le dijo a su padre: Padre, dame la parte de la propiedad que me corresponde. Y el padre la repartió entre ellos.

¹³"Pocos días después, el hijo menor reunió todo lo que tenía, partió a un lugar lejano y, allí, malgastó su dinero en una vida desordenada. ¹⁴Cuando lo gastó todo, sobrevino en esa región una escasez grande y comenzó a pasar necesidad. ¹⁵Entonces fue a buscar trabajo y se puso al servicio de un habitante de ese lugar que lo envió a sus campos a cuidar cerdos. ¹⁶Hubiera deseado llenarse el estómago con la comida que daban a los cerdos, pero nadie le daba nada.

¹⁷"Fue entonces cuando entró en sí: '¿Cuántos trabajadores de mi padre tienen pan de sobre, y yo aquí me muero de hambre? ¹⁸¿Por qué no me levanto? Volveré a mi padre y le diré: Padre, pequé contra Dios y contra ti; ¹⁹ya no merezco llamarme hijo tuyo, trátame como a uno de tus siervos.

va más alla de las categorías racionales y económicas. Lo que se creía perdido ha sido hallado. Es como una nueva vida, una resurrección, que se debe celebrar.

15:11-32 El hijo pródigo. Esta es la más famosa de las parábolas de Jesús. Es clásica por su espiritualidad y es una joya literaria. Con ella Jesús manifiesta la aceptación sin limites que el Reino de Dios ofrece. El título tradicional, dificil ya de cambiar, no hace justicia a su contenido. Es la historia del padre de dos hijos y se centra en el amor pródigo y generoso del padre a los dos hijos, más que en derroche de los bienes por el hijo menor.

Según la ley judía, el primogénito recibía doble parte de la herencia (Dt 21:17). En este caso, el hijo menor tenía derecho a la tercera parte de la herencia. La división se hacia generalmente después de la muerte del padre y había sanciones legales previstas cuando se tomaba la herencia antes de tiempo. Eso aquí no tiene importancia. Al pedir la herencia y marcharse, el hijo menor corta las relaciones con su familia sin que le dé pena. Lo toma todo consigo. No hay que esperar que vuelva. Su marcha con una parte importante de los bienes familiares significa una pérdida para su padre y hermano; esto despierta la animosidad del último.

La imaginación puede completar lo que se dice tan concisamente: los gastos extravagantes, los amigos derrochadores, la ruina. Para un judío, el guardar cerdos daba la idea de apostasía y de la pérdida de todo lo que antes identificaba a aquel jóven como miembro de su familia y del pueblo de Dios. Está por debajo de los cerdos que tienen qué comer y él no.

La calamidad le obliga a reflexionar. Volverá a casa como un siervo más. Prepara su discurso con cuidado, esperando ser tratado con frial-

²⁰Partió, pues, de vuelta donde su padre'.

"Cuando todavía estaba lejos, su padre lo vio y sintió compasión, corrió a echarse a su cuello y lo abrazó. ²¹Entonces el hijo le habló: Padre, peque contra Dios y contra ti, ya no merezco llamarme hijo tuyo. ²²Pero el padre dijo a sus servidores: Rápido, tráiganle la mejor ropa y pónganela, colóquenle un anillo en el dedo y zapatos en los pies. ²³Traigan el ternero más gordo y mátenlo, comamos y alegrémonos, ²⁴porque este hijo mío estaba muerto y ha vuelto a la vida, estaba perdido y lo he encontrado. Y se pusieron a celebrar la fiesta.

²⁵"El hijo mayor estaba en el campo. Cuando al volver llegó cerca de la casa, oyó la música y el baile. ²⁶Llamando a uno de los sirvientes, le preguntó qué significaba todo eso. ²⁷Este le dijo: Tu hermano está de vuelta y tu padre mandó matar el ternero gordo, por haberlo recobrado con buena salud. ²⁸El hijo mayor se enojó y no quiso entrar.

"Entonces el padre salió a rogarle. ²⁹Pero él le contestó: Hace tantos años que te sirvo sin haber desobedecido jamás ni una sola de tus órdenes, y a mí

dad y sospecha. Pero su padre aún lo ama. Lo ha estado esperando y lo ve venir de lejos. Sin ninguna reserva, corre a encontrar a su hijo, lo abraza, y lo besa. El hijo no puede pronunciar el discurso que ha preparado. La reunión es casi idéntica a la de Esaú y Jacob (Gen 33:4). Jacob recuerda su crimen contra su hermano y teme por su vida. Pero Esaú, como el padre de esa historia, sólo desea la reconciliación. El padre no pierde tiempo: pide la mejor ropa, anillo y zapatos; con ello el muchacho es declarado hijo y no siervo. No se le recrimina ni se le pide que se muestre digno. Lo que importa es que está vivo. El hijo en sí es más importante que todo lo que ha hecho.

La historia sería perfecta tal como está, con la vuelta del hijo y la recepción amorosa del padre. Pero otra historia se entreteje. El hijo mayor que se cree bueno se llena de ira y de resentimiento; la vuelta de su hermano no le lleva a compartir la fiesta de la familia. De nuevo, el amor del padre es la clave. Sale al encuentro del hijo mayor, como salió al encuentro del hijo menor. Quiere que los dos sean felices. El mayor no ve más que el fallo de su hermano y su propia rectitud. El padre no niega la fidelidad del hijo mayor. Pero de momento hay que dejarla a un lado porque ahora hay algo más importante en juego: un hijo y un hermano ha resucitado. Lo demás palidece ante este hecho: "Había que hacer fiesta y alegrarse". Nos recuerda de nuevo la historia de Jacob. Este, más adelante, reconoce como su hermano la importancia de la reunión. Cuando se entera de que su hijo José está vivo, se olvida de las recriminaciones porque es hora sólo de alegrarse: "¡Basta! ¡Mi hijo José está vivo!" (Gen 45:28).

Una parábola no es una alegoría (por lo que no se debe aplicar en todos sus detalles), pero además de alegrarnos ante el recibimiento del hijo

nunca me has dado un cabrito para hacer una fiesta con mis amigos, ³⁰pero llega ese hijo tuyo, después de haber gastado tu dinero con prostitutas, y para él haces matar el ternero gordo. ³¹"El padre le respondió: Hijo, tú estás siempre conmigo y todo lo mío es tuyo. ³²Pero había que hacer fiesta y alegría, puesto que tu hermano estaba muerto y ha vuelto a la vida, estaba perdido y ha sido encontrado".

16 ¹Jesús dijo también a sus discípulos: "Había un hombre rico que tenía un mayordomo, y vinieron a acusarlo de que estaba malgastando sus bienes. ²Lo mandó llamar y le dijo: '¿Qué es lo que me dicen de ti? Dame

cuenta de tu administración porque ya no podrás seguir en tu puesto'. ³"El mayordomo pensó entonces: '¿Qué voy a hacer ahora que mi patrón me quita el puesto? No tengo fuerzas para trabajar la tierra, y pedir limosnas me daría vergüenza. ⁴Ya sé lo que voy a hacer para que, al dejar el puesto, tenga gente que me reciba en su casa'. ⁵"Llamó uno por uno a los que debían a su patrón y dijo al primero: ⁶¿Cuánto le debes a mi patrón?' Le contestó: 'Cien barriles de aceite'. Dijo el mayordomo: 'Toma tu recibo, siéntate y escribe rápido: cincuenta'. ⁷Después dijo a otro: 'Y tú, ¿cuánto debes?' Contestó: 'Cuatrocientos quintales de trigo'.

menor, podemos ver a Dios en el padre y vernos a nosotros en la historia. ¿Soy como el padre? ¿Soy como el hijo mayor o como el menor? ¿Tengo algo de los tres? Una parabola tan rica como esta tiene un significado nuevo para cada lector y en cada lectura que se hace de ella.

16:1-13 El uso correcto del dinero. Jesús vuelve sobre el tema del uso de las riquezas (cf. 12:13-34). Este capítulo comienza y acaba con parábolas. La historia del administrador astuto es un problema para los intérpretes. ¿Alaba Jesús el fraude? En el versículo 8 contrasta la astucia de este hombre mundano con la pereza de los hijos del Reino. El punto principal no es la moralidad de lo que el mayordomo hace, aunque probablemente lo que hizo no era justo.

El mayordomo había sido descuidado al administrar los bienes de su amo. Sabe que si es despedido no tendrá recomendación para un trabajo semejante. No es capaz de trabajar la tierra y el pedir limosna le daría vergüenza. Mientras le queda tiempo, usa su posición para hacer amigos para encarar un futuro negro. Rebaja la deuda de cada uno de los deudores de su señor (menciona sólo dos ejemplos de ello), esperando ser recordado a su debido tiempo. Parece que el siervo ha dilapidado los bienes de su amo. Los cargos contra el no eran por fraude sino por malgastar y administrar mal; su preparación para el futuro quizás no fue fraudulenta. Los mayordomos se pagaban con los intereses de los préstamos. En este caso, las sumas rebajadas de las deudas podrían haber sido los intereses exagerados que se le debían a él. La usura era contraria a la Ley (Ex 22:24). Con su acción, el mayordomo podía estar reformando su vida y haciendo una obra de justicia.

El mayordomo le dijo: 'Toma tu recibo y escribe: trescientos'.

⁸"El patrón admiró la manera de obrar tan inteligente de su mayordomo ladrón: en verdad los de este mundo son más astutos que los hijo de la luz para tratar a sus semejantes.

⁹"Yo también les digo: Aprovechen el maldito dinero para hacerse amigos, para que, cuando se les acabe, los reciban a ustedes en las viviendas eternas.

¹⁰"El que se mostró digno de confianza en cosas sin importancia, será digno de confianza también en las importantes, ¹¹y el que no se mostró digno de confianza en cosas mínimas, tampoco será digno de confianza en lo importante. Por lo tanto, si ustedes han administrado mal el maldito dinero, ¿quién va a confiarles los bienes verdaderos? ¹²Y si no se han mostrado dignos de confianza en cosas ajenas, ¿quién les entregará los bienes que son realmente nuestros?

¹³"Ningún sirviente puede quedarse con dos patrones: verá con malos ojos al primero y despreciará al segundo. Ustedes no pueden servir al mismo tiempo a Dios y al dios Dinero".

¹⁴Los fariseos oían todo esto. Por ser hombres apegados al dinero, se burlaban de Jesús. Pero él les dijo: ¹⁵"Ustedes se dan cara de hombres perfectos, pero Dios conoce los corazones, y lo que

La enseñanza de Jesús se dirige a los "hijos de la luz" (en oposición a "los de este mundo", en el v. 8) para que sean diligentes en su trabajo por el Reino como este siervo lo fue para asegurarse su futuro en este mundo. Sigue a esto un corolario sobre el uso de los bienes del mundo para preparar la eternidad. El mayordomo astuto se preparó alojamiento mundano, pero la riqueza material que se asocia con el pecado (el v. 9 la llama literalmente "el maldito dinero") puede servir para el Reino de Dios. Se puede dar en limosnas a los pobres de modo que su benefactor les acompañe en el reino (cf. 11:41; 12:21). Este aviso mira a la historia final del capítulo.

Se saca una conclusión para los seguidores de Jesús sobre la administración de los bienes. En el Reino sucede lo que pasa en este mundo: fidelidad en lo poco lleva a mayor confianza. Esto se refiere a las realidades espirituales pero tiene aplicación a las cosas materiales (v. 13). La comunidad de Jesús tendrá que administrar cosas espirituales y materiales (12:41-47; Mt 18:1-18). Existe el peligro de subordinar lo espiritual a lo material y de no darse cuenta de que tenemos un nuevo Señor.

16:14-18 La Ley, los profetas, y el Reino. Cuando Jesús anuncia que no es posible servir a dos señores, a Dios y al dinero, los fariseos se burlan. Se dice que eran "hombres apegados al dinero" (v. 14); ellos creían combinar bien el servicio de Dios con la búsqueda de las riquezas. Jesús los acusa de tratar de probar su justicia a los ojos del mundo, quizás dando limosnas (cf. 21:1-4). Se burlan de Jesús porque su enseñanza en este punto es tan rigurosa y absurda; Jesús les responde que su escala de valores es despreciable para Dios.

los hombres tienen por grande, Dios lo aborrece.

¹⁶"La Ley y los profetas llegan hasta Juan; después se proclama el Reino de Dios y a todos les cuesta conquistarlo.

¹⁷"Más fácilmente pasarán el Cielo y la tierra antes que caiga al suelo una sola letra de la Ley.

¹⁸"Todo hombre que se divorcia de su esposa y se casa con otra comete adulterio. Y el que se casa con una mujer divorciada de su marido, comete adulterio.

¹⁹"Había un hombre rico que se vestía con ropa finísima y que cada día comía regiamente. ²⁰Había también un pobre, llamado Lázaro, todo cubierto de llagas, que se tendía a la puerta del rico, ²¹y que sentía ganas de llenarse con lo que caía de la mesa del rico, y hasta los perros venían a lamerle las llagas. ²²Pues bien, murió el pobre y fue llevado por

Los tres versículos siguientes rompen el ritmo del capítulo. Contienen frases sobre la Ley recogidas de varios lugares de las fuentes de Lucas (Mc 10:11-12; Mt 11:12-13; 5:18-32; 19:9). ¿Por qué los colocó aquí en medio del tema de la riqueza? La conexión está en que los fariseos desafiaban toda la enseñanza moral de Jesús al burlarse de él. La Ley de Moisés es la norma; Jesús no debe introducir una ley nueva. Jesús responde que la Ley y los profetas son la verdadera norma y que aun ahora que él proclama el Reino de Dios siguen siendo válidos. La enseñanza del Reino trae a la superficie implicaciones que la enseñanza tradicional desconocía.

Juan Bautista es crucial. Es el último profeta del Antiguo Testamento, pero, como heraldo de Jesús, es también predicador del evangelio. Es el puente entre lo nuevo y lo viejo. Desde ahora todos deben conquistar el Reino. El Reino está abierto a toda clase de personas (3:10-14; 13:29), pero muchas necesitarán esforzarse para poder entrar. Lucas demostrará esto más tarde con la historia de Cornelio, el primer gentil que se convertirá (Hch 10).

La puerta del Reino está abierta también para los fariseos, pero no va a ser un escape de la observancia como ellos lo proclamaban con su burla. La Ley tiene validez permanente, pero Jesús tiene autoridad para interpretarla correctamente. Su doctrina sobre el divorcio es un ejemplo de esta interpretación (la forma más original de esta doctrina se encuentra aquí y en Marcos 10:11). Para que los fariseos no piensen que Jesús viene a debilitar la Ley, les da una doctrina que es más estricta que la de sus rabinos. Estos permitían divorciar a la esposa en base a Deuteronomio 24:1. Jesús dice que el divorcio para casarse es un adulterio.

16:19-31 Lázaro y el rico. La enseñanza de Jesús sobre el uso correcto de las riquezas se aclara ahora con la historia de dos cambios de fortuna. El rico vivía olvidado de la necesidad del pobre que estaba a su puerta. No se daba cuenta de la importancia del presente para preparar el futuro

los ángeles hasta el cielo cerca de Abraham. Murió también el rico y lo sepultaron.

²³"Estando en el infierno, en medio de tormentos, el rico levanta los ojos y ve de lejos a Abraham y a Lázaro cerca de él. ²⁴Entonces grita: 'Padre Abraham, ten piedad de mí, y manda a Lázaro que se moje la punta de un dedo para que me refresque la lengua, porque estas llamas me atormentan'. ²⁵"Abraham respondió: 'Hijo, acuérdate de que recibiste ya tus bienes durante la vida, lo mismo que Lázaro recibió males. Ahora él aquí encuentra consuelo y tú, en cambio, tormentos. ²⁶Sepas que por estos lados se ha establecido un abismo entre ustedes y nosotros, para que los que quieran pasar de aquí para allá no puedan hacerlo, y que no atraviesen tampoco de allá hacia nosotros'.

²⁷"Contestó el rico: 'Entonces te ruego, padre, que mandes a Lázaro a mis familiares, ²⁸donde están mis cinco hermanos, para que les advierta y no vengan ellos también a este lugar de tormento'. ²⁹Y Abraham contestó: 'Tienen a Moisés y a los profetas; que los escuchen'. ³⁰'No, padre Abraham', dijo el

eterno (vv. 8-9). No fue la riqueza lo que le separó del seno de Abrahán, sino su mala administración. Así como en vida fueron tan diferentes, también lo fueron en sepultado; es el fin para el rico y el comienzo para Lázaro.

El rico va "al lugar de los muertos", al Sheol o Hades, como se dice en griego. Es un lugar totalmente apartado del lugar de la felicidad con Abrahán, aunque no es sinónimo con nuestro "infierno". El rico ve a Lázaro, lo cual aumenta su tormento. El rico piensa de Lázaro como si fuera un criado mensajero suyo, primero pidiendo una gota de agua y luego que vaya a avisar a sus hermanos. Lázaro probablemente se sorprende de que el rico sepa su nombre. Abrahán le explica al rico por qué las cosas han cambiado. Aunque el rico llama a Abrahán padre, sólo es su hijo según la carne, no hijo espiritual que obtenga la salvación.

Vemos la primera señal de que el rico se preocupa de otros cuando pide que Lázaro vaya a la casa de su padre. Pero ya es demasiado tarde y además sería inútil e inapropiado. Tienen a Moisés y a los profetas. La palabra de Dios, proclamada a lo largo de los siglos en Israel, deberá bastar. Esta referencia nos lleva de nuevo a la Ley y los profetas de que habló en el centro del capítulo (vv. 16-17). Jesús todavía está hablando a los fariseos, advirtiéndoles que la obediencia superficial a la Ley y su observancia no significa que escuchan la palabra de Dios. Abrahán concluye con una frase que fue probablemente adornada por la Iglesia en la transmisión de la parábola. Ni siquiera la resurrección convencerá a los que no quieren escuchar con atención a la Ley y los profetas. Esta frase tiene cierta ironía y abre la doctrina a todos los que leen la historia. (N.E.: En esta historia, aparentemente, el hombre rico no sufría en la otra vida simplemente porque había tenido buena vida en la tierra, sino porque no se había "convertido". Esta conversión no se dio porque no quiso

rico. 'Si uno de entre los muertos los va a visitar, se arrepentirán'.

³¹"Pero Abraham le dijo: 'Si no escuchan a Moisés y a los profetas, aunque resucite uno de entre los muertos, no le creeran' ".

17 ¹Dijo Jesús a sus discípulos: "Es imposible que no haya escándalos y caídas. Pero pobre del que hace caer a los demás. ²Sería mejor para él que lo echaran al mar con una piedra de molino colgada al cuello, antes que haga caer a uno solo de estos pequeños. ³"Fíjense bien: Si tu hermano te ofende, repréndelo. ⁴Si te ofende siete veces al día, y siete veces vuelve arre-

pentido, diciendo: No lo vuelvo a hacer más, perdónalo".

⁵Los apóstoles dijeron al Señor: "Auméntanos la fe". ⁶El Señor respondió: "Si tienen fe como un granito de mostaza, le dirán a ese árbol que está ahí: Arráncate y plántate en el mar, y el árbol obedecerá.

⁷"Supongan que uno de ustedes tiene un servidor arando o cuidando el ganado. Cuando éste vuelve del campo, ¿le dicen ustedes: ven en seguida a sentarte a la mesa? ⁸¿No le dicen más bien: prepárame comida, y ponte el delantal para servirme, y después que yo haya comido y bebido, tú lo harás a tu vez?

escuchar a Moisés y a los profetas ni a Cristo resucitado. Lázaro le podía haber llevado al cielo (16:9), pero el rico le ignoró.)

17:1-10 Cuatro enseñanzas sobre el discipulado. Conforme camina hacia Jerusalén, Jesús continúa instruyendo a sus discípulos con frases, historias, y con su propio ejemplo. Es inevitable, les dice, que no hayan obstáculos a la fe y al discipulado cristiano, proque Satanás interfiere y los hombres hacen mal uso de su libertad. El que obstaculiza el camino de otros tiene una responsabilidad de la qué responder. Con la imagen gráfica de la piedra de molino, Jesús dice que es preferible morir a ser causa del fallo de otros.

Luego, de cara a otro aspecto de la relación (vv. 3-4), Jesús describe la actitud apropiada para el discípulo que ha sido ofendido o escandalizado. Es un acto de amor el corregir al hermano que es obstáculo para otros. Hay una tolerancia falsa que hace que unos permitan que otros vayan para abajo. Jesús anima a la corrección y al perdón. "Siete veces" (v. 4) es la manera simbólica de decir "siempre".

Los apóstoles piden un aumento de fe. Jesús duda que la tengan. Quizás se sientan muy seguros porque le acompañan a Jerusalén. Describe el poder que se deriva de la fe con una imagen exagerada para que se imprima en la mente. El ejemplo del trato del servidor tiene que ver con la fe que Jesús ve en los apóstoles. Los siervos de Dios no deben creer que se merecen algo o que se ganan algún premio con su servicio. Jesús pude referirse también a la actitud de los líderes judíos que se creían merecer el premio de Dios con sus observancias (cf. 18:9-12). Los oyentes entenderían fácilmente el ejemplo de la relación entre el señor y el esclavo. Si se espera del siervo un buen servicio como parte de su obligación, ¿por

⁹Y después, ¿se sienten agradecidos de ese siervo porque hizo lo que le mandaron? ¹⁰Esto vale para ustedes. Cuando hayan hecho todo lo que les ha sido mandado, digan: Somos servidores que no hacíamos falta; sólo hicimos lo que debíamos hacer''.

¹¹De camino a Jerusalén, Jesús pasó por los límites de Samaria y Galilea. ¹²Al entrar a un pueblo, diez hombres leprosos le salieron al encuentro. Se quedaron a cierta distancia ¹³y gritaron: ''Jesús, Maestro, te compasión de nosotros''.

¹⁴Jesús les dijo: ''Vayan a presentarse a los sacerdotes''.

¹⁵Mientras iban, quedaron sanos. Uno de ellos, al verse sano, volvió de inmediato. Llegó alabando a Dios en alta voz ¹⁶y echándose a los pies de Jesús, con el rostro en tierra, le daba gracias. Este era samaritano.

¹⁷Jesús entonces preguntó: ''¿No sanaron los diez? ¿Dónde están los otros nueve? ¹⁸El único que ha vuelto a alabar a Dios ha sido este extranjero?'' ¹⁹En seguida dijo al hombre: ''Levántate y vete: tu fe te ha salvado''.

²⁰Los fariseos le preguntaron ''¿Cuándo llegará el Reino de Dios?'' El les contestó: ''La llegada del Reino de Dios no es cosa que se pueda verificar.

qué van a pensar los discípulos que el servicio fiel no sea parte de la exigencia básica de seguir al maestro?

17:11-19 El leproso agradecido. Ya se describió la condición de los leprosos en tiempos de Jesús (cf. 5:12-16). El grupo que sale al encuentro de Jesús se compone de judíos (galileos) y samaritanos. El que anduvieran juntos los que solían ser enemigos encarnizados revela su desesperada situación que les hace depender los unos de los otros. Porque tenían que evitar el contacto con los sanos (Lev 13:45-46) pero dependían de la caridad de estos para sobrevivir, los leprosos vivían al borde de los pueblos. Este grupo guarda su distancia y grita a Jesús; habían oido hablar de su compasión y de su poder. Jesús da simplemente una órden, como Eliseo al leproso Naamán (2 Re 5:10-12), que es a la vez una prueba de fe y de obediencia. Deben mostrarse a los sacerdotes que tenían la responsabilidad de decidir si un leproso podía volver a la vida social (Lev 14:2). Obedecen su órden y van a reportar su curación cuando aún no están sanados.

Sólo uno del grupo vuelve a agradecerlo. Atribuye su curación a Dios y canta sus alabanzas abiertamente. El desagradecimiento de los otros sorprende, aunque es posible que sorprenda más que vuelve uno que es samaritano (vv. 16, 18). Las palabras que Jesús le dice son las mismas que dijo a la mujer en casa del fariseo (7:50) y a la mujer sanada de su hemorragia (8:48). La fe de todos los leprosos produjo su curación física; quizás produjo más efecto, pero en el caso de este samaritano esta curación produjo ''salvación'' y lo llevó a una relación apropiada con Dios.

17:20-37 La venida del Reino de Dios. Cuando Jesús envió a los setenta y dos discípulos a predicar al comienzo de su viaje a Jerusalén, les dijo que anunciaran la proximidad del Reino de Dios (10:11). Antes ya

²¹No se va a decir: Está aquí o está acá. Y sepan que el Reino de Dios está en medio de ustedes".

²²Dijo además a los discípulos: "Llegará un tiempo en que ustedes desearán ver uno solo de los días del Hijo del Hombre, pero no verán. ²³Entonces les dirán: Está aquí, está allá. No vayan, no corran. ²⁴En efecto, como el relámpago brilla en un punto del cielo y resplandece hasta el otro, así sucederá con el Hijo del Hombre cuando llegue su día. ²⁵Pero antes, tiene que sufrir mucho y ser rechazado por este pueblo.

²⁶"En los días del Hijo del Homore sucederá lo mismo que sucedió en tiempos de Noé. ²⁷Comían, bebían y se casaban hombres y mujeres, hasta el día en que Noé entró en el arca y vino el diluvio que los hizo perecer a todos. ²⁸Pasó lo mismo en los tiempos de Lot: comían y bebían, compraban y vendían, plantaban y edificaban. ²⁹Pero salió Lot de Sodoma, y Dios hizo caer del cielo

había enviado a los Doce a anunciar su Reino (9:2). Al ir a Jerusalén se levanta la pregunta sobre la venida del Reino. Jesús responde, en primer lugar, que el Reino ya está presente (vv. 20-21) y luego habla del establecimiento final del Reino al final del mundo (vv. 22-37).

Se esperaba que el Mesías estableciera el Reino de Dios (cf. 3:15). Entonces llegaría el Día del Señor, el juicio, y el premio (Jl 2:1-2; 3:4-5). Jesús les dice a los fariseos que no es importante saber el tiempo de su llegada. Lo que sí es importante es reconocer la presencia de las señales del reino que tienen en medio de ellos. El ministerio de Jesús es señal bien clara de que el Reino de Dios ha llegado. Aunque Jesús dijo bien claramente que el final no se puede calcular (v. 20; Mc 13:32-33) y que no hay que preocuparse por el momento exacto (Hch 1:6-8), la cuestión continuaba durante la subida a Jerusalén (19:11) y después en la Iglesia. Hoy muchos cristianos siguen preocupados con ella y siguen equivocados. La enseñanza de Jesús no podía estar más clara. No pierdan el tiempo buscando señales y escuchando cálculos interesantes. Sepan que el reino de Dios ya está entre ustedes; si no ponen toda su atención en el Reino presente ahora, nunca estarán preparados para la vuelta del Hijo del Hombre cuando suceda. Nadie sabe cuando sucederá.

Después de llamar la atención sobre la realidad presente del Reino de Dios, Jesús se vuelve a sus discípulos para explicarles lo que aun va a suceder. La presencia del Reino no significa que las pruebas van a cesar; hay mucho sufrimiento por delante para Jesús (v. 25) y para sus discípulos (v. 22). Los discípulos desearán desesperadamente la venida del Hijo del Hombre; ello los llevará a seguir a profetas falsos y a teorías engañosas sobre su aparición. Cuando suceda, la aparición del Hijo del Hombre no será sutil o misteriosa. Todos la verán. Será tan brillante como el relámpago en el cielo. El contraste entre la gloria del Hijo del Hombre y el sufrimiento que le precede hará su venida más evidente.

una lluvia de fuego y azufre que los mató a todos. [30]Lo mismo pasará el día en que aparezca el Hijo del Hombre.

[31]''En ese día, el que esté en la terraza y tenga sus cosas en la casa, que no baje a buscarlas, y el que esté en el campo, no vuelva atrás. [32]Acuérdense de la mujer de Lot. [33]El que trata de salvar su vida la perderá; en cambio, el que la sacrifica la hace renacer para la vida eterna.

[34]''Yo les declaro que, en esa noche, de dos personas que estén durmiendo en una misma cama, una será llevada, y la otra dejada; [35]dos mujeres estarán moliendo juntas: una será llevada y la otra dejada''.

[36]Entonces preguntaron a Jesús: ''¿Dónde sucederá eso, Señor?'' [37]Y él respondió: ''Donde esté el cuerpo, ahí se juntarán los buitres''.

18 [1]Jesús les propuso este ejemplo sobre la necesidad de orar siempre, sin desanimarse jamás:

[2]''En una ciudad había un juez que no temía a Dios ni le importaba nadie. [3]En esa misma ciudad había una viuda que vino donde él a decirle: Hágame

No importa cuando suceda, la gente no estará preparada. Las cosas mundanas los tendrán cautivados, como lo estaban en tiempo de Noé antes del diluvio y como estaban los habitantes de Sodoma hasta el día de su destrucción. Por eso Jesús recalca la importancia de reconocer la presencia del Reino de Dios ahora. Debe guiar nuestras vidas ahora y no sólo al final; sin eso, no estaremos preparados para partir cuando llegue la llamada repentina. Uno que anda apegado a sus posesiones (14:33), tratará de salvarlas y se perderá él mismo. La mujer de Lot es recordada como una persona que estaba demasiado apegada y miró atrás (Gen 19:17, 26; cf. Lc 9:62).

Los ejemplos de los dos hombres y las dos mujeres ilustran lo repentino de la venida de Cristo y la preparación o falta de ella que encontrará. Esto no tiene nada que ver con el ''Rapto'', que no es más que una perversión moderna de la enseñanza de la Escritura, interpretando este y otros textos semejantes (cf. Mt 24:37-41) como una descripción de la separación de buenos y malos antes de la venida del fin. El versículo 36 es omitido en muchas versiones porque no es más que una inserción tomada de Mateo 24:40 v que añade el ejemplo de dos hombres en el campo al texto de Lucas. El proverbio sobre el cadáver y los buitres corresponde a la imagen del relámpago (v. 24). Jesús cierra su instrucción enfatizando el tema central: la venida del Hijo del Hombre no dará lugar a dudas. Mientras tanto, no dediquen su tiempo y energía a señales y cálculos sino a vivir bien preparados.

18:1-18 El juez injusto y la viuda. Esta parábola sobre la persistencia en la oración es muy parecida a la del hombre que despierta a su amigo a media noche (11:5-8). El contexto presente es uno de animar y fortalecer a los discípulos mientras esperan la venida del Hijo del Hombre. Hay que seguir orando sin desfallecer.

justicia contra mi adversario. ⁴El juez no le hizo caso durante un buen tiempo. Pero al final pensó: Aunque no temo a Dios y no me importa nadie, ⁵esta viuda me molesta tanto que le voy a hacer justicia; así ya no volverá a romperme la cabeza''.

⁶Y el Señor dijo: ''¿Se han fijado en las palabras del juez malo? ⁷Ahora bien, ¿Dios no les hará justicia a sus elegidos si claman a él día y noche, mientras él demora en escucharles?

⁸''Todo lo contrario; pues les aseguro que Dios hará justicia en favor de ellos, y lo hará pronto.

''Pero, cuando venga el Hijo del Hombre, ¿hallará fe en la tierra?''

⁹Puso además esta comparación por algunos que estaban convencidos de ser *justos* y que despreciaban a los demás: ¹⁰''Dos hombres subieron al Templo a orar, uno era fariseo y el otro publicano.

¹¹''El fariseo, de pie, oraba en su interior de esta manera: 'Oh Dios, te doy gracias porque no soy como los demás hombres, que son ladrones, injustos, adúlteros, o como ese publicano que está allí. ¹²Ayuno dos veces por semana, doy la décima parte de todo lo que tengo'.

El juez no tiene escrúpulos; no se guía por ley humana ni divina. La viuda sólo exige sus derechos; la Ley judía la consideraba como persona sin amparo a la que había que ayudar (Dt 24:17-22). La negativa del juez podía deberse a la pereza, al temor del adversario, o a la poca importancia que le daba a la mujer. Lo que le mueve a dar justicia es el temor a las consecuencias de no hacerlo y ella persistir en su demanda. Teme que la mujer, en cierto modo, lo va a "desgastar" a él, quizás dañando su reputación. Jesús contrasta la insensibilidad del juez con el cuidado de Dios de sus elegidos. Si el juez injusto actúa a causa de la persistencia, ¿no hará Dios algo parecido? El retraso de la respuesta a la oración, especialmente en lo que se trata de la venida del Hijo del Hombre, hará desfallecer a algunos. Para cuando venga el Señor, algunos habrán perdido la fe.

18:9-14 El fariseo y el publicano. Jesús atacaba sin tregua la confianza en la propia rectitud ya que la consideraba como un enemigo siniestro del progreso espiritual (5:32; 15:7). Esta parábola se dirige a los satisfechos de su propia virtud. El fariseo y el publicano son estereotipos del bueno y del malo. El fariseo reza con abierto agradecimiento por su estado espiritual sano. No trata de engañar. Los fariseos ayunaban rigurosamente dos veces a la semana, los lunes y los jueves, para el bien de la nación. No hay razón para pensar que no pagaba los diezmos. La tragedia es que no ve lo equivocada que es su oración. Se engañaba a sí mismo. No se ve como servidor de Dios sino como uno a quien Dios le debe la recompensa por un trabajo bien hecho. Además del orgullo, su pecado está en despreciar al publicano.

El publicano tiene conciencia de su pecado. Sabe que no merece consideración por sus acciones. Su oración sirvió de base para la antigua

¹³"El publicano, en cambio, se quedaba atrás y no se atrevía a levantar los ojos al cielo, sino que se golpeaba el pecho, diciendo: 'Dios mío, ten piedad de mí que soy un pecador'. ¹⁴Yo les digo que este último estaba en gracia de Dios cuando volvió a su casa, pero el fariseo no. Porque todo hombre que se hace grande será humillado, y el que se humilla será hecho grande''.

¹⁵Le traían hasta los pequeñitos para que los tocara; viendo esto los discípulos, empezaron a reprender a esta gente. ¹⁶Entonces Jesús los llamó para decirles: "Dejen que los niños vengan a mí, no se lo impidan, porque el Reino de Dios pertenece a los que son como ellos. ¹⁷En verdad les digo que quien no recibe el Reino de Dios como un niño, no entrará en él''.

¹⁸Cierto hombre importante le preguntó: "Maestro bueno, ¿qué tengo que hacer para heredar la vida eterna?'' ¹⁹Jesús le dijo: "¿Por qué me llamas bueno? Solamente uno es bueno y ése es Dios. ²⁰Conoces los mandamientos:

"Oración de Jesús". "Señor Jesucristo, Hijo de Dios, ten compasión de mi, pecador". Esta humildad y dependencia le abre a la gracia de Dios; es el espíritu de la niñez (espiritual). Antes, Jesús había recomendado decir, después de hacer el bien a que estamos obligados: "Somos siervos inútiles" (17:10). Aquí se ve ya el debate entre la fe y las obras (cf. Rom 3:27-4:5). Jesús mismo saca la conclusión sorprendente de la parábola: el fariseo observante vuelve a casa sin gracia; el publicano pecador vuelve perdonado. La historia concluye con la conocida frase de inversión de situaciones (cf. 14:11).

18:15-17 Jesús y los niños. Al comienzo del viaje de Jesús a Jerusalén (9:51), Lucas deja el orden de Marcos para introducir su propio material personal y temas comunes con Mateo. De nuevo Lucas comienza a seguir a Marcos. En Marcos, el episodio de los niños (Mc 10:13-16) sigue a la enseñanza de Jesús sobre el divorcio. Lucas lo usa, junto con la historia del jóven rico, como una extensión del tema de la parábola del fariseo y el publicano. El publicano tenía la disposición del niño, débil pero abierto mientras que el fariseo—como el jóven rico—no está dispuesto a renunciar al control de sí y de su destino (vv. 18-25).

Los discípulos tienen algo de la disposición del fariseo y del joven rico. No toleran a los niños y a lo que éstos significan. Según su modo de ver, Jesús pierde el tiempo con esos niños que no pueden entender la gradeza de su misión. Jesús los sorprende diciendo que el Reino de Dios pertenece precisamente a los que son como ellos. Esta narración sirvió de apoyo para los que más tarde en la Iglesia creciente defendieron el bautismo de los niños.

18:18-25 Jesús y el hombre rico. Un hombre "importante" en este contexto era un líder religioso. Si era fariseo o no, su actitud es como la que Jesús había criticado poco antes (v. 21; cf. v. 11). Jesús cuestiona el uso de la palabra "bueno", no porque dude de su propia bondad sino por-

No cometas adulterio, no mates, no robes, no levantes testimonios falsos, honra a tu padre y a tu madre''. ²¹Pero él contestó: "Todo esto yo lo cumplo desde joven". ²²Al oír esta declaración, Jesús le dijo: "Todavía te falta algo. Vende todo lo que tienes, reparte el dinero entre los pobres y tendrás un tesoro en el cielo; después ven y sígueme".

²³Cuando él oyó la respuesta, se puso muy triste, porque era harto rico.

²⁴Viéndolo, dijo Jesús: "¡Qué difícil es entrar al Reino de Dios, cuando uno tiene las riquezas! ²⁵Es más fácil para un camello pasar por el ojo de una aguja que para un rico entrar al Reino de Dios".

²⁶Los oyentes dijeron: "Entonces, ¿quién podrá salvarse?" ²⁷Jesús respondió: "Lo que es imposible para los hombres, es posible para Dios". ²⁸Pedro dijo entonces: "¿Ves cómo nosotros dejamos lo que teníamos y te seguimos?" ²⁹Jesús respondió: "Yo les aseguro que ninguno dejará casa, esposa, hermanos, padre, o hijos, a causa del Reino de Dios, ³⁰sin que reciba mucho más en el mundo presente y, en el venidero, la vida eterna".

³¹Jesús tomó consigo a los Doce para decirles: "Ahora subimos a Jerusalén y va a cumplirse todo lo que escribieron los profetas sobre el Hijo del Hombre. ³²Pues será entregado a los extranjeros,

que ésta no era la forma común de hablarle a un rabino y porque probablemente sonaba a adulación. Jesús estaba en lo correcto, ya que el hombre no obedecerá la instrucción del "buen" maestro. Quizás esta característica de su carácter explica el que se mencionen sólo los mandamientos "sociales" del Decálogo. Es todavía más fácil engañarse sobre los mandamientos que se refieren al amor y servicio de Dios.

Jesús no invita al hombre inmediatamente a una relación más íntima. Pero cuando escucha su deseo de ir más allá, Jesús le ofrece su propio modo de vida (cf. 9:57-58). El hombre no puede dar ese paso por su riqueza que es una verdadera amenaza a la vida del Reino (14:33; 16:13). Sabe que Jesús le ha dicho lo que necesitaba oír, pero está demasiado apegado a sus posesiones para seguirlo. Esto da pie a la famosa frase de Jesús sobre el camello y el ojo de la aguja. Usa una exageración semítica, lo que no significa que no haya posibilidad de salvación para los ricos (cf. v. 27), sino que quiere que quede grabada en la mente la influencia siniestra que pueden tener las riquezas sobre los que con sinceridad buscan el Reino de Dios.

18:26-34 Las exigencias del discipulado. Los que oyen a Jesús se escandalizan de su advertencia a los ricos. Era de pensar que la prosperidad era prueba de la bendición de Dios en premio a la bondad de una persona (Prov 10:3, 22). Jesús no se desdice (cf. 6:24) sino que enuncia un principio importante de la voluntad de Dios de salvar a todos los que le invoquen. Pedro observa que los discípulos han hecho lo que el hombre rico fue incapaz de hacer y pregunta sobre su premio. Jesús promete "mucho más", sin explicarlo (la versión de Marcos añade "persecuciones": Mc 10:30), y habla de nuevo sobre la prioridad del Reino sobre

que se burlarán de él, lo maltratarán, lo escupirán ³³y depués de azotado lo matarán; pero al tercer día resucitará''. ³⁴Los Doce no entendieron nada de esto; era lenguaje misterioso para ellos y no comprendían lo que les decía.

³⁵Cuando estuvieron cerca de Jericó, había un ciego sentado al borde del camino y que pedía limosna. ³⁶Oyendo el paso de la gente, preguntó qué era aquello. ³⁷Le dijeron: ''Es Jesús el Nazareno que pasa por ahí''. ³⁸Y se puso a gritar: ''¡Jesús, hijo de David, ten piedad de mí!''

³⁹Los que iban delante lo reprendieron para que se callara, pero él gritaba con más fuerza: ''¡Jesús, hijo de David, ten compasión de mí!''

⁴⁰Entonces Jesús se detuvo y ordenó que se lo trajeran. Cuando el ciego estuvo cerca, Jesús le preguntó: ⁴¹''¿Qué quieres que haga por ti?'' El respondió: ''Señor, haz que vea''. ⁴²Jesús le dijo: ''Recobra la vista, tu fe te ha salvado''.

⁴³Y en el mismo instante, el ciego pudo ver y empezó a seguir a Jesús, alabando a Dios. Y todos los que estaban ahí alabaron también a Dios.

19 ¹Llegando a Jericó, pasaba Jesús por la ciudad. ²Allí había un hombre llamado Zaqueo. Era jefe de los cobradores de impuestos y muy rico. ³Quería ver cómo era Jesús, pero no lo alcanzaba en medio de tanta gente, por ser de baja estatura. ⁴Entonces corrió adelante y se subió a un árbol para verlo

la familia (cf. 14:26). A continuación Jesús hace a los Doce la tercera predicción de la pasión y resurrección, añadiendo esta vez que todo sucederá para cumplir las profecías. No entienden lo que les dice.

18:35-43 El ciego de Jericó. La llegada a Jericó marca la etapa final de viaje de Jesús a Jerusalén. Aquí, como en el caso de los niños, los discípulos tratan de impedir que una persona ''insignificante'' moleste al Señor. El evangelista continúa, a otro nivel, presentando la vida de la Iglesia como un peregrinar con Jesús en su camino. El detalle de que ''los que iban delante'' reprendían al ciego puede ser un aviso velado a los líderes de la comunidad para que no pasen por alto las necesidades de los pobres (Hch 6:1). Jesús ha venido precisamente para estos humildes que manifiestan su necesidad de salvación. Este capítulo es una galería de cuadros de este tipo de personas: la viuda, el publicano, los niños, y ahora el ciego.

El ciego, dice Marcos, se llamaba Bartimeo (Mc 10:46). A pesar de ser ciego, grita con visión inspirada llamando a Jesús con el título mesiánico de ''Hijo de David''. Cuando es preguntado, identifica a Jesús como ''Señor''. En respuesta a esta fe recibe el mensaje de salvación con la frase ya bien conocida: ''Tu fe te ha salvado'' (7:50; 8:48; 17:9). El ciego y los que presencian la sanación ven allí la mano de Dios y le dan gloria.

19:1-10 Jesús y Zaqueo. La historia de Zaqueo se encuentra sólo en Lucas. Sintetiza dramáticamente varios temas claves del discipulado, al acercarse Jesús a Jerusalén. En primer lugar, Zaqueo es rico, quizás muy rico como supervisor de los cobradores de impuestos del área. Por eso los judíos lo considerarían como ''jefe de pecadores'', responsable de los pecados de su gente. Así se enfoca de nuevo el tema del uso correcto

cuando pasara por ahí. ⁵Cuando llegó a ese lugar, Jesús levantó los ojos y le dijo: "Zaqueo, baja pronto, porque hoy tengo que quedarme en tu casa".

⁶Zaqueo bajó rápidamente y lo recibió con alegría.

⁷Todos entonces se pusieron a criticar y a decir: "Se fue a alojar en casa de un pecador". ⁸Pero Zaqueo dijo resueltamente al Señor: "Señor, voy a dar la mitad de mis bienes a los pobres, y a quien he exigido algo injustamente le devolveré cuatro veces más".

⁹Jesús, pues, dijo a su respecto: "Hoy ha llegado la salvación a esta casa; en verdad, éste también es hijo de Abraham. ¹⁰El Hijo del Hombre vino a buscar y a salvar lo que estaba perdido".

¹¹Los que caminaban con Jesús y lo escuchaban estaban ya cerca de Jerusalén, y se imaginaban que el Reino de Dios se iba a manifestar de un momento a otro. Jesús, pues, les puso este ejemplo:

¹²Un hombre de gran familia se dirigió a un país lejano para ser nombrado rey y volver en seguida. ¹³Llamó a diez empleados suyos, les entregó a cada uno una moneda de oro y les dijo: Trabajen este dinero hasta que yo vuelva. ¹⁴Pero sus compatriotas lo odiaban y

de las riquezas y el de la comida con pecadores. Como de costumbre, hay murmuraciones (cf. 5:30; 15:2). En este caso Jesús va más lejos, ya que no espera a ser invitado sino que se invita él mismo a la casa del publicano; es el buen pastor en busca de la oveja perdida (v. 10; 15:4-7).

Zaqueo, a pesar de su mala fama, es una persona atractiva. Tiene cualidades como las de Pedro. Es espontáneo e impetuoso, dado a frases exageradas. Pero es sincero. Aunque es persona importante, su posición no le impide subirse a un árbol ni el admitir su pecado y manifestar su arrepentiemiento. Jesús toma la iniciativa en esta historia de conversión (en contraste con la del ciego: 18:38-43), pero Zaqueo ya estaba preparado para la palabra de salvación por lo que el resultado fue bueno (cf. 8:11-15). Jesús lo llama "hijo de Abrahán", a pesar de ser un publicano. No debe ser marginado por su pecado sino más bien ayudado a encontrar su camino al redil de las ovejas. El agradecimiento de Zaqueo aclara el significado de la parábola del prestamista y los deudores (7:41-43). El amor de Jesús ha despertado en Zaqueo nuevas posibilidades de amor y servicio. (N.E.: La conversión de Zaqueo no se manifiesta con oraciones y cánticos de alabanza; Lucas hace notar precisamente que se deshizo de sus riquezas mal adquiridas. Esta era para Lucas señal clara de la aceptación de Jesús. Jesús llama a Zaqueo "hijo de Abrahán en un calculado reproche a los fariseos.)

19:11-27 Parábola de las monedas. Mateo ofrece otra versión de esta parábola (Mt 25:14-30), mencionando a tres empleados y sumas de dinero diferentes (sus "talentos" son mucho más que las "minas" de que habla Lucas). Lucas añade el tema de la coronación real a causa de la anticipación popular del Reino de Dios (19:11). En su forma actual, la parábola responde a preguntas de la Iglesia primitiva sobre la vuelta del Jesús

mandaron detrás de él una comisión encargada de decir: Nosotros no lo queremos por rey.

[15]Cuando volvió, había sido nombrado rey. Entonces hizo llamar a los empleados a los que había entregado dinero, para averiguar cuánto había ganado cada uno. [16]Se presentó el primero y dijo: "Señor tu moneda produjo otras diez". [17]El contestó: "Está bien, servidor bueno, ya que fuiste fiel en lo poco, recibe el gobierno de diez ciudades".

[18]Vino el segundo y dijo: "Señor, tu moneda produjo otras cinco". [19]El rey contestó igualmente a éste: "También tú gobierna cinco ciudades".

[20]Vino el tercero y dijo: "Señor, aquí tienes tu moneda. La guardé envuelta en un pañuelo, [21]porque tuve miedo de ti. Eres un hombre exigente, reclamas lo que no has depositado y cosechas lo que no has sembrado".

[22]Contestó el rey: "Servidor malo, te juzgo por tus propias palabras. Sabías que soy hombre exigente, que reclamo lo que no he depositado y que cosecho lo que no he sembrado; [23]entonces, ¿por qué no pusiste mi dinero en el banco? A mi regreso, yo lo habría cobrado con intereses". [24]Y dijo el rey a los que estaban presentes: "Quítenle la moneda y dénsela al que tiene diez".

[25]"Pero, señor", le contestaron, "ya tiene diez monedas".

[26]"Yo les declaro que, a todo el que produce, se le dará, pero al que no produce, se le quitará aun lo que tiene.

[27]"En cuanto a mis enemigos, que no me quisieron por rey, tráiganlos para acá y mátenlos en mi presencia".

y sobre qué hacer en su ausencia. La parábola ha sido alegorizada con detalles que hacen que se aplique mejor a la historia de Jesús.

Después de la resurrección, los lectores de Lucas vieron en la referencia a la ida a "un país lejano" la ascensión de Jesús al cielo, donde recibió la gloria del Padre y espera su tiempo para volver como juez. Los siervos no deben estar ociosos manteniendo el *status quo*; tienen que trabajar (Hch 1:8-11). La mención de la "comisión" enviada opuesta a su realeza es una alusión a lo sucedido con Arquelao, el hijo de Herodes el Grande, treinta años antes. Arquelao había ido a Roma para obtener la aprobación imperial como sucesor de su padre cuando una comisión de judíos fue a César Augusto y logró limitar su reino a una parte del territorio original. La venganza posterior y desgobierno de Arquelao resultaron en su destierro por los romanos.

Sólo se mencionan tres empleados en la toma de cuentas del rey. El resultado es el mismo que el de la versión de Mateo. El siervo emprendedor es recompensado con mayor confianza. El que fue a lo seguro es condenado y pierde su dinero que es dado al que tiene diez monedas. Esto provoca la crítica de los que no aprueban de la generosidad del rey. Prefieren que los salarios se ajusten al trabajo, como los trabajadores de la viña de otra parábola (Mt 20:1-16). La frase del versículo 26 ya salió en otra forma en 8:18. La apertura a la acción de Dios en Jesús aumenta la participación en el Reino, pero el miedo y la estrechez de corazón hacen a uno incapaz de compartir sus riquezas.

V. EL MINISTERIO EN JERUSALEN

²⁸Dicho esto, Jesús siguió su camino. Todos subían a Jerusalén ²⁹y Jesús iba delante. Cuando llegaron a Betfagé y Betania, cerca del cerro llamado de los Olivos, Jesús dijo a dos de sus discípulos: ³⁰"Vayan al pueblo que está enfrente. Al entrar encontrarán amarrado un burrito que nadie ha montado hasta ahora. Desátenlo y tráiganlo. ³¹Si alguien les pregunta: ¿Por qué lo desatan?, contesten: El Señor lo necesita".

³²Fueron los enviados y hallaron todo como Jesús había dicho.

³³Mientras soltaba el burrito, llegaron los dueños y les dijeron: "¿Por qué desatan ese burrito?" ³⁴Contestaron: "El Señor lo necesita".

³⁵Llevaron, pues, el burrito a Jesús y le echaron sus capas encima para que Jesús se montara. ³⁶A medida que avanzaba, la gente extendía sus mantos sobre el camino. ³⁷Al acercarse a la bajada del cerro de los Olivos, la multitud de sus seguidores, llenos de alegría, se pusieron a alabar a Dios a voz en cuello, por todos los milagros que habían visto. ³⁸Y decían: "¡Bendito el que viene, el Rey en nombre del Señor! ¡Paz en el cielo y gloria en lo más alto de los cielos!"

³⁹Algunos fariseos que se encontraban entre la gente dijeron a Jesús: "Maestro,

19:28-44 Llegada a Jerusalén. El largo viaje llega a su meta pasando por el este, por las aldeas de Betfagé y Betania. Lucas sigue a Marcos, pero añade los versículos 39-40 de modo parecido a Mateo (Mc 11:1-10; Mt 21:1-9). Los versículos 41-44 son únicos. En los tres Sinópticos este suceso marca la aclamación pública de Jesús como Mesías davídico. Antes había acallado tal aclamación (4:41; 5:14); ahora defiende a los discípulos (vv. 39-40) y a los niños (Mt 21:16) contra las críticas de los líderes.

Este suceso y su narración refleja la profecía de Zacarías:

"Salta de júbilo hija de Sión,

Alégrate hija de Jerusalén,

Que tu rey viene a ti.

Es justo, victorioso,

Humilde y va montado en un burro" (Zac 9:9).

Sólo Mateo lo cita directamente (Mt 21:5). Esto explica la mención de la "paz" en la narración de Lucas (vv. 38, 42). El ir en burro era más señal de paz que de humildad. Los reyes montaban a caballo cuando volvían de la guerra (Jer 8:6); la entrada a Jerusalén en un burro indica la clase de realeza que Jesús asume. Dos discípulos son enviados a traer un animal que nadie había montado. Para ciertos ritos se necesitaban animales no usados, tal como en caso del carro que llevaba el Arca de la Alianza (1 Sam 6:7; cf. Nm 19:2). La versión griega de los Setenta de Zacarías 9:9 habla de un burrito "nuevo".

Juzgado por el espacio dedicado la misión de los dos discípulos es muy especial. Quizás se quiera insinuar el conocimiento de Jesús de su autoridad mesiánica. Cuando los discípulos vuelven, toman parte activa al echar sus capas encima del burro y sobre el camino y al ayudarle a Jesús

reprende a tus seguidores''. ⁴⁰Pero él contestó: ''Yo les digo que si ellos se callan, las piedras gritarían''.

⁴¹Cuando estuvo cerca, al ver la ciudad, lloró por ella, ⁴²y dijo: ''Ojalá en este día tú también entendieras los caminos de la paz. Pero son cosas que no puedes ver ahora. ⁴³Vendrán días para ti, en que tus enemigos te cerca-

rán por todos lados. ⁴⁴Te aplastarán contra el suelo, a ti y a tus hijos, que viven dentro de tus muros, y no dejarán en ti piedra sobre piedra, porque no has reconocido el tiempo ni la visita de tu Dios''.

⁴⁵Entró después Jesús al Templo y comenzó a expulsar a los que ahí hacían negocios. ⁴⁶Les declaró: ''Dios dice en

a montar. En Lucas, los discípulos aclaman a Jesús sobre todo como rey. Sus palabras se parecen a las de los coros de ángeles cuando Jesús nació (2:14) e indican el cumplimiento de aquella profecía. Los fariseos creen que los discípulos han ido demasiado lejos atribuyendole títulos que él no se daba. Jesús les responde que ha llegado la hora de la revelación de toda su identidad y misión. El plan de Dios debe ser revelado aunque tengan que hacerlo las mismas piedras.

Como antiguamente Jeremías (Jer 8:18-23), Jesús se lamenta de la ceguera de Jerusalén al plan de Dios para ella. No acepta la verdadera paz ofrecida con su entrada. Jesús prevee la destrucción de Jerusalén por los romanos en año A.D. 70. La destrucción había venido antes cuando la ciudad no escuchó a Jeremías y a los demás profetas; esta vez vendrá por no haber aceptado al Mesías.

QUINTA PARTE: SUFRIMIENTO Y VICTORIA

Lucas 19:45–24:53

Ahora que Jesús ha llegado a Jerusalén, el drama irá rápidamente a su final. Jesús va a ''tomar posesión'' del templo como su maestro legítimo. En este contexto se agudizará el conflicto con los líderes judíos (capítulo 20). Hablará de los últimos días de Jerusalén y del mundo (capítulo 21). Luego vendrán los días de su Pascua (capítulos 22-23) y la victoria de Dios en el Nuevo Exodo (capítulo 24).

19:45-48 Jesús va al Templo. Lucas tiene la narración más breve de la purificación del Templo. Es uno de los pocos episodios que aparecen en los cuatro Evangelios pero que Juan coloca al comienzo del ministerio de Jesús (Jn 2:13-17). Lucas dice poco de la violencia del hecho y no describe las actividades que Jesús atacaba, limitándose a las citas de Isaías 56:7 y Jeremías 7:11 para dar razón de la expulsión de los ''mercaderes''.

Lucas está más interesado en mostrar que el motivo de la purificación es preparar el lugar que el verdadero maestro debe ocupar. Desde ese

la Escritura: *Mi casa será casa de oración. Pero ustedes la han convertido en refugio de ladrones''.*

⁴⁷Todos los días estaba en el Templo enseñando. Los jefes de los sacerdotes y los maestros de la Ley buscaban cómo acabar con él, lo mismo que las autoridades de los judíos. ⁴⁸Pero no sabían cómo hacerlo, porque el pueblo entero lo escuchaba, pendiente de sus palabras.

20 ¹Uno de esos días, Jesús estaba en el Templo enseñando al pueblo y les anunciaba la Buena Nueva. En eso llegaron los jefes de los sacerdotes y los maestros de la Ley con algunos jefes de los judíos, y le hablaron en estos términos: ²''Dinos con qué derecho haces estas cosas. ¿Quién te ha dado la autorización?''

³El les contestó: ''Yo también les voy a hacer una pregunta. Díganme: ⁴Cuando Juan bautizaba, ¿lo hacía mandado por Dios, o era cosa de hombres?''

⁵Ellos se pusieron a pensar: ''Si contestamos que el bautismo de Juan era cosa de Dios, él nos dirá: ¿Y por qué no creyeron en él? ⁶Y si respondemos que era cosa de hombres, todo el pueblo nos apedreará, pues está convencido de que Juan era un profeta''. ⁷Por eso le contestaron que no sabían. ⁸Y Jesús les dijo: ''Yo tampoco les diré con qué derecho hago estas cosas''.

⁹Luego comenzó a contar al pueblo este ejemplo:

''Un hombre plantó una viña, después la arrendó a unos trabajadores y partió al extranjero por largo rato.

momento Jesús hace de Jerusalén el centro de su ministerio. En los versículos que cierran esta sección de enseñanza en el Templo (21:37-38) se presenta a Jesús enseñando de día en el Templo y pasando las noches en el Monte de los Olivos, en contínua comunión con el Padre a medida que el final se acerca.

20:1-8 La enseñanza en el Templo. Jesús ha ocupado su lugar como maestro en el Templo. El capítulo 20 comienza con un desafío general a su enseñanza de parte de los líderes religiosos judíos; el resto de este capítulo y el siguiente son ejemplo de esa enseñanza en medio de los ataques de sus adversarios.

El primer grupo que desafía a Jesús lo forma una delegación oficial del Sanedrín, el consejo supremo, representado por las tres clases que lo integraban: los sumos sacerdotes (jefes de familias sacerdotales), fariseos (y escribas de esta secta), y ancianos (jefes de las principales familias judías). Le piden que dé razón de ''estas cosas'': la purificación del Templo y su función oficial de maestro. Jesús les responde con una pregunta sobre Juan Bautista cuyo bautismo ellos habían rechazado (7:30). Ello los pone en el dilema mencionado en el texto. No pueden responder, lo cual es prueba para Jesús (y para ellos) de que no tienen derecho a pasar juicio sobre la autoridad de Jesús.

20:9-19 La parábola de los trabajadores asesinos. Jesús les dice a la cara una parábola en la que se ven retratados (v. 19). La parábola de los campesinos arrendatarios describe exactamente la respuesta de los líderes judíos a Jesús, el Hijo amado de Dios. Hay alegorización en las tres

¹⁰"A su debido tiempo envió un servidor donde los trabajadores, para que le entregaran la parte de la cosecha que le correspondía; pero los trabajadores, después de golperlo, lo echaron con las manos vacías. ¹¹Mandó después a otro servidor; pero también a éste le pegaron, lo insultaron y lo echaron con las manos vacías; ¹²envió aún a un tercero, al que también lo hirieron y lo echaron fuera.

¹³"El dueño de la viña se dijo entonces: ¿Qué hacer? Voy a enviar a mi hijo muy querido; a lo mejor lo respetarán. ¹⁴Pero, al verlo los trabajadores, se dijeron unos a otros: Este es el heredero, matémoslo y nos quedaremos con la herencia. ¹⁵Lo arrojaron, pues, fuera de la viña y lo mataron.

"Ahora bien, ¿qué les hará el dueño de la viña? ¹⁶Vendrá, hará morir a esos trabajadores y entregará la viña a otros".

En ese momento los oyentes dijeron: "Ni Dios lo quiera". ¹⁷Jesús fijando su mirada en ellos, les dijo: "¿Qué significan estas palabras de la Escritura?:

"La piedra que rechazaron los constructores, ésta es ahora la piedra principal. ¹⁸Quien caiga en esta piedra se quebrará, y será aplastado aquel al que le caiga encima".

¹⁹Los maestros de la Ley y los jefes de los sacerdotes hubieran querido detenerlo en ese momento, pero temieron al pueblo. Pues comprendieron que Jesús había contado ese ejemplo para ellos.

²⁰Entonces se pusieron a acechar a Jesús y le mandaron espías, que fingieron buena fe para aprovecharse de

versiones de Lucas, Mateo, y Marcos (Mt 21:23-27; Mc 11:27-33), para hacer paralelos con la historia de Israel y la misión de los profetas. Israel visto como una viña es un tema tradicional (Is 5:1-7; Sal 80). El envío del hijo amado es algo nuevo. Los detalles de lo que sucedió con Jesús han afectado la narración; por ejemplo, el hecho de que el hijo es muerto fuera de la viña, en Lucas y Mateo, puede reflejar que Jesús fue crucificado fuera de la ciudad (cf. Heb 13:12).

Cuando los oyentes escuchan que los trabajadores serán exterminados y que la viña será dada a otros (los gentiles), no se lo pueden creer. ¿Sería posible que la tierra prometida, el reino de David como heredad permanente, se diera a otros? Jesús cita el salmo 118:22 sobre la ironía de la piedra rechazada que se convierte en piedra angular, y luego añade un dicho propio: la piedra aplastará a los enemigos. Jesús es la piedra angular del edificio espiritual del que sus discípulos son las "piedras vivas"(1 Pe 2:4-8). Este episodio acaba con el tema de la hostilidad de los líderes y la apertura de la gente. Ya que la gente está preparada para recibir el evangelio, a pesar de sus líderes, la viña del Israel renovado mantedrá raíces judías en su crecimiento entre los gentiles (cf. Rom 11:17-18).

20:20-26 El tributo del César. En los dos episodios siguientes, la enseñanza y autoridad de Jesús son desafiadas por grupos opuestos entre sí: primero por los escribas y los sumos sacerdotes (aún dolidos por la parábola de los trabajadores), y luego por los saduceos. El primer grupo an-

sus palabras, y así, entregarlo a la policía y a la justicia del gobernador. ²¹Estos hombres hicieron esta pregunta: "Maestro nosotros sabemos que hablas y enseñas con entera rectitud. No te fijas en la condición de las personas, sino que enseñas con absoluta franqueza el camino de Dios. ²²¿Está permitido pagar impuestos al César, o no?"

²³Jesús vio su astucia y les dijo: "Muéstrenme una moneda. ²⁴¿De quién es la cara y el nombre que tiene escrito?" Le contestaron: "Del César".

²⁵Entonces él les dijo: "Pues bien, den al César lo que es del César, y a Dios lo que corresponde a Dios".

²⁶Así, pues, no pudieron aprovechar nada de lo que hacía delante del pueblo para acusarlo, sino que, al contrario, se sorprendieron mucho por su respuesta y se callaron.

²⁷Se acercaron a Jesús algunos saduceos. Estos son hombres que no creen en la resurrección de los muertos; y le preguntaron:

²⁸"Maestro, Moisés nos enseñó lo siguiente: Si uno tiene un hermano casado que muere sin dejar familia, debe casarse con la viuda para darle un hijo que será el heredero del difunto.

²⁹"Había, pues, siete hermanos. Se casó el primero, y murió sin dejar fami-

daba a la espera del momento oportuno para cazarlo por medio de espías que no fueran tan conocidos como los líderes mismos. Los líderes esperan que Jesús hable mal del imperio romano, lo cual será razón suficiente para entregarlo a Poncio Pilato. A su debido tiempo acusarán a Jesús de oponerse al pago de impuestos, a pesar de la respuesta que aquí les da (23:2).

Los portavoces tratan de hacer hablar a Jesús contra el imperio. Lo adulan como "uno que no tiene respetos humanos", y que por lo tanto dirá la verdad aunque tenga que criticar al emperador. Enseña "el camino de Dios" y es valiente y verídico para hablar a favor de Dios aun cuando tenga que oponerse a los poderes del mundo. Le preguntan si está permitido pagar tributos al emperador. Esta pregunta no trataba de la justicia de los impuestos sino de su dimensión religosa, dado que Dios era el único Señor, y no parecía bien tener que pagar impuestos a un poder pagano intruso.

La moneda que Jesús pidió era el denario, moneda romana usada para los impuestos. Prácticamente, para este tiempo, llevaban la imagen del emperador Tiberio César que llevaba reinando quince años (cf. 3:1). Jesús evita malentendidos haciendo que sus interlocutores identifiquen la moneda del César. Su sentencia sobre lo que pertenece a Dios y al César no crea dos mundos diferentes—el del emperador y el de Dios. Dios es el único Señor de todos; cuando haya conflicto de intereses, las exigencias de Dios vienen primero. Pero la moneda es evidencia del poder político del César; quieran o no, los ciudadanos de Israel deben darle lo que tiene derecho (sin negar que el señorío pertenece a Dios).

20:27-40 Los saduceos y la resurrección. Jesús es desafiado por otro grupo del Sanedrín, por los saduceos, que sólo aquí aparecen en el evangelio pero que volverán a aparecer con frecuencia en los Hechos de los

lia. ³⁰El segundo y después el tercero se casaron con la viuda, ³¹y los siete murieron igualmente, sin dejar familia. ³²Finalmente, murió también la mujer. ³³Esta mujer, si hay resurrección de los muertos, ¿de cuál de ellos va a ser esposa, puesto que los siete la tuvieron por esposa?''

³⁴Jesús les respondió: ''En este mundo los hombres y las mujeres se casan. ³⁵Pero los que sean juzgados dignos de entrar al otro mundo y de resucitar de entre los muertos, ya no se casarán. ³⁶Sepan, además, que no pueden morir, porque son semejantes a los ángeles. Y son hijos de Dios, pues él los ha resucitado.

³⁷''En cuanto a saber si resucitan los muertos, ya Moisés lo dio a entender en el pasaje de la Zarza, en el que llama al Señor *Dios de Abraham, Dios de Isaac y Dios de Jacob*. ³⁸Ahora bien, Dios no es Dios de muertos, sino de vivos; para él todos viven''.

Apóstoles (4:102; 5:17; 23:7-8). Los saduceos eran los aristócratas que despreciaban a los fariseos con sus ''modernas'' interpretaciones de la Ley. Eran conservadores que aceptaban sólo los cinco primeros libros de la biblia (el pentateuco), y no aceptaban las creencias de los fariseos sobre la resurrección de los justos y la existencia de seres espirituales. Como los espías del incidente precedente, los saduceos tratan de disponer a Jesús para una respuesta favorable a su causa, en este caso, mostrando lo obsurdo de la doctrina de la resurrección.

Según la ley del levirato (Dt 25:5-6; Rut 3:9–4:12), un hermano debía dar herederos para su hermano difunto sin hijos para que las propiedades no salieran de la familia y para perpetuar el nombre del difunto. Los saduceos proponen un caso que ellos creen va a forzar a Jesús o a negar la resurrección o a aceptar la poliandría (varios maridos para una mujer) que se consideraba inmoral. Jesús responde que la sucesión de maridos es problema para los saduceos sólo porque no entienden el significado de la resurrección: la vida actual y la resucitada son de diferente orden. En el cielo la relación matrimonial será sobrepasada por una nueva clase de relación que no incluirá la procreación.

Los tres Sinópticos contienen las palabras de Jesús sobre el mundo futuro, despues de la resurrección (Mc 12:25; Mt 22:30), pero su formulación en Lucas (vv. 34-36) implica que el período de la resurrección ha comenzado ya y que el matrimonio ha perdido su papel como un absoluto en la vida humana (cf. Gen 1:28). Este es un indicio de que el celibato (el modo de vida de Jesús) tiene validez para el Reino presente y el que vendrá (cf. Mt 19:12). Los que son ya dignos del mundo futuro son ya hijos de la resurrección y no están sujetos a la muerte. Pueden imitar a los ángeles en su completa inmersión en Dios. El celibato sacramentaliza esta actitud de los cristianos.

Después de dicho esto, Jesús se encara de nuevo a las enseñanzas de Moisés sobre las cuales trataba la pregunta (v. 28). Demuestra que hasta

³⁹Algunos maestros de la Ley le dijeron: "Maestro, has hablado bien". ⁴⁰Y no se atrevieron a hacerle más preguntas.

⁴¹Entonces él les dijo: "¿Cómo se puede decir que el Cristo será hijo de David? ⁴²En efecto, el mismo David dice en el Libro de los Salmos: *El Señor dijo a mi Señor: Siéntate a mi derecha* ⁴³*hasta que ponga a tus enemigos como tarima de tus pies.* ⁴⁴David lo llama Señor, ¿cómo entonces puede ser hijo suyo?"

⁴⁵Todo el pueblo lo escuchaba cuando dijo a sus discípulos: ⁴⁶"Desconfíen de los maestros de la Ley, que gustan de pasearse con largas vestiduras y ser saludados en las plazas, ocupar los primeros lugares en los banquetes. ⁴⁷Son gente que devoran los bienes de las viudas, mientras se amparan tras largas oraciones. Habrá para ellos un juicio sin compasión".

21 ¹Jesús estaba observando y vio como los ricos depositaban sus ofrendas para el Templo. ²Vio también a una viuda pobrísima que echaba dos moneditas.

³Y dijo Jesús: "Créanme que esta pobre viuda depositó más que todos ellos. ⁴Porque todos dan a Dios de lo que les sobra. Ella, en cambio, tan indigente, echó todo lo que tenía para vivir".

⁵Algunos hacían notar a Jesús las her-

Moisés creía en la resurrección al hablar del Dios de Abrahán, Isaac, y Jacob, que aun están vivos para Dios. La respuesta de Jesús a los saduceos deja admirados a los escribas (probablemente fariseos), aunque su admiración es más por política que por verdadera aceptación del mensaje de Jesús. Como antes (v. 26), la respuesta de Jesús hace callar a sus enemigos.

20:41-47 El señorío del Mesías. Jesús hace una pregunta que por el momento deja sin contestación: si David (en el salmo 110:1) llama al Mesías "Señor", ¿cómo puede el Mesías ser hijo suyo? Jesús fue presentado como Hijo de David en la genealogía (3:33), y ha sido ya identificado como el Mesías (9:20). La respuesta se dará en la resurrección, en la que Jesús, el hijo de David, será exaltado a la derecha de Dios, como Señor (Hch 2:33-36). La crítica hecha a los fariseos en el camino a Jerusalén se hace ahora a los escribas en el Templo de Jerusalén.

21:1-4 La ofrenda de la viuda. Siguiendo con el tema de la riqueza y su administración, Jesús señala el contraste entre las contribuciones al Templo de los ricos y la de una pobre viuda. Deja claro que lo que revela la generosidad de la persona no es lo que da sino lo que se le queda. Se recuerdan las bienaventuranzas y amenazas a pobres y ricos (6:20, 24), y las enseñanzas sobre la providencia (12:13-34). Los escribas acaban de ser condenados por devorar los bienes de las viudas (20:47); antes se les había acusado de rapacidas y de imponer cargas insoportables sobre la gente (11:39, 46). Esta referencia a la mala conducta de los líderes religiosos está al fondo de la predicción de la destrucción del Templo.

21:5-19 La predicción del fin. En la versión de Marcos sobre este incidente, Jesús sale del Templo y los discípulos se admiran y hablan de la

mosas piedras y los ricos adornos que habían sido regalados al Templo. ⁶Jesús dijo: "Llegará el tiempo en que de todo lo que ustedes admiran aquí no quedará piedra sobre piedra: todo será destruido".

⁷Le preguntaron entonces: "Maestro, dinos cuándo sucederá eso. ¿Cuál será la señal de que va a suceder?"

⁸Jesús contestó: "Tengan cuidado y no se dejen engañar, porque muchos vendrán en mi lugar, diciendo: Yo soy el Salvador, ésta es la hora de Dios. No los sigan. ⁹Cuando oigan hablar de guerras y disturbios, no se asusten, porque primero tiene que pasar eso, pero el fin no vendrá en seguida".

¹⁰Después les dijo: "Se levantará una nación contra otra, y una raza contra otra. ¹¹Habrá grandes terremotos, pestes y hambre en una y otra parte. Se verán también cosas espantosas, y señales terribles en el cielo. ¹²Pero, antes de eso, a ustedes los tomarán presos, y los perseguirán; los entregarán a los tribunales judíos y los llevarán a las cárceles; los harán comparecer ante los reyes y gobernadores porque llevan mi Nombre. ¹³Esta será para ustedes la oportunidad de dar testimonio de mí. ¹⁴No se olviden entonces de lo que ahora les advierto, de no preparar su defensa. ¹⁵Porque yo mismo les daré palabras tan sabias que ninguno de sus

belleza de la construcción. Lucas nos presenta a Jesús enseñando en el Templo; esta será su última visita y el anuncio final de su destrucción. Esta destrucción se relacionaba en la mente del pueblo con el fin del mundo. Esto había sido cierto del Templo de Salomón: los israelitas se sentían seguros de la promesa de Dios a David de una dinastía eterna, y el Templo era símbolo de la protección divina. Jeremías había señalado antes lo ilusorio que era confiar en un Templo material (Jer 7:4). El Templo de Herodes tenía también una vista magnífica. Sus devotos confiaban en su solidez. Solo el cataclismo final podría destruirlo.

Esta relación de la destrucción del Templo con el fin del mundo lleva a Jesús a unir estas dos ideas en su respuesta a la pregunta "¿Cuándo sucederá esto?" Habla primero sobre el fin del mundo. Este discurso sobre el fin (*escaton*, en griego) se llama comúnmente discurso escatológico. El miedo y la expectativa harán a la gente vulnerable a los falsos mensajes y los falsos mesías. Mirarán a las señales apocalípticas (guerras, temblores, pestes, señales en el cielo) para comprobar que el final está cercano. Jesús había dicho antes que los intentos de calcular el fin son una pérdida de tiempo (17:20-21). Las señales que él menciona pueden verse en todo tiempo. Indican que el fin vendrá realmente pero no ayudan a determinar el día y la hora.

El centro del discurso proviene de Jesús mismo, pero ha sido afectado por la experiencia de la Iglesia primitiva que vio la caída de Jerusalén y la persecución de los primeros mártires. Los lectores del evangelio podían pensar en casos concretos de la persecución predicha por Jesús. En la mención de "reyes y gobernadores", verían las caras de Herodes y

opositores las podrá resistir o contradecir.

¹⁶"Ustedes serán denunciados por sus padres, hermanos, parientes y amigos, ¹⁷y algunos de ustedes serán ajusticiados. ¹⁸Serán odiados de todos a causa de mi Nombre, pero no se perderá ni uno de sus cabellos. ¹⁹Manténganse firmes y se salvarán.

²⁰"Cuando vean a Jerusalén rodeada por ejércitos, sepan que ha llegado el tiempo de su destrucción. ²¹Si ustedes están en Judea, huyan a los cerros. Si están dentro de la ciudad, salgan y aléjense. Si están en los campos, no vuelvan a la ciudad. ²²Porque ésos serán los días de su castigo, en que se cumplirán todas la cosas que le fueron anunciadas en la Escritura. ²³¡Pobres de las que estén embarazadas o estén criando en esos días! Porque una gran calamidad sobrevendrá al país y estallará sobre este pueblo la cólera de Dios. ²⁴Morirán al filo de la espada, serán llevados prisioneros a todas las naciones, y Jerusalén será pisoteada por las naciones hasta que se cumplan los tiempos de las naciones.

²⁵"Entonces habrá señales en el sol, la luna y las estrellas, y por toda la tierra se angustiarán los pueblos, asustados por el ruido del mar y de las olas. ²⁶Los hombres morirán de espanto, con sólo pensar en lo que le espera al mundo,

Pilato, y también probablemente de Agripa I, Agripa II, y de Festo (Hch 12:24-26). Los discípulos no deben vivir alarmados y ansiosos a causa de la persecución futura. Les ofrecerá la oportunidad de dar testimonio (Hch 3:15; 4:20). No deben preocuparse por lo que dirán en su defensa; hablarán con una sabiduría divina que nadie podrá contradecir (Hch 4:13). Los lazos de familia no protegerán al discípulo (Lc 12:51-53). Los seguidores de Jesús llevarán su cruz hasta el Calvario, tal como él lo hizo. La promesa de que no se perderá ni uno de sus cabellos es extraña en la predicción de la persecución. Es una manera gráfica de afirmar la total protección espiritual de los que sufren la persecución a causa de Jesús.

21:20-24 La caída de Jerusalén. Jesús acorta su campo de visión desde el fin del mundo a la destrucción de Jerusalén. Lucas modifica la narración de Marcos omitiendo la misteriosa mención de la "abominación y desolación" o de la inminencia del desastre. Añade una descripción del sitio de Jerusalén con información recibida después del hecho. La gente de las colinas y de la región vecina no deben huir a la ciudad ya que allí la destrucción es segura. La mención de la retribución y del cumplimiento tiene ecos de un juicio profético que ha decidido el destino de la ciudad. Escribiendo para gentiles, Lucas subraya su papel en la destrucción de Jerusalén. El cumplimiento del tiempo de que habla después puede referirse a la misión a los gentiles que se cuenta en los Hechos de los Apóstoles.

21:25-38 La venida del Hijo del Hombre. El "tiempo de los gentiles" durará hasta el fin del mundo; su cumplimiento (v. 24) lleva a Jesús a hablar de nuevo sobre el fin del mundo. El movimiento de las fuerzas

porque las fuerzas del universo serán conmovidas. ²⁷Y en ese preciso momento verán al Hijo del Hombre viniendo poderoso y glorioso en medio de la Nube.

²⁸"Cuando se presenten los primeros signos, enderécense y levanten sus cabezas, pues habrá llegado el día de su liberación".

²⁹Jesús les propuso esta comparación: "Fíjense en la higuera y en los demás árboles. ³⁰Cuando ustedes ven los primeros brotes, saben que está cerca el verano. ³¹Así también, cuando vean las señales que les dije, piensen que está cerca el Reino de Dios. ³²En verdad les digo que no pasará esta generación sin que sucedan estas cosas. ³³El cielo y la tierra pasarán pero mis palabras no pasarán.

³⁴"Estén alerta, no sea que se endurezcan sus corazones en los vicios, borracheras y preocupaciones de la vida, y, de repente, los sorprenda este día. ³⁵Pues caerá sobre todos los habitantes de toda la tierra como la trampa que se cierra. ³⁶Por eso estén vigilando y orando en todo tiempo para que se les conceda escapar de todo lo que debe suceder, y puedan estar de pie delante del Hijo del Hombre".

³⁷Durante el día, Jesús enseñaba en el Templo, pero se iba a pasar la noche en el cerro de los Olivos. ³⁸Y desde muy temprano, todo el pueblo iba al templo para escucharlo.

del universo presagiará la llegada del fin. Entonces, el Hijo del Hombre, el Señor resucitado a quien se ha dado la autoridad y el juicio, vendrá con la gloria de Dios. Será causa de pánico para los enemigos, pero los discípulos se enderezarán y levantarán la cabeza como el pueblo de Exodo que espera la liberación de Dios (Ex 12:11).

La imagen de la higuera se amplía con la mención de otros árboles ya que no era conocida en todos los lugares. El despuntar de la primavera es señal de que se acerca el verano. La frase sobre "esta generación" (v. 32) es difícil. No quiere decir que el fin del mundo vendrá antes de que muera la generación del tiempo de Jesús (que ya había muerto cuando se escribía el evangelio). En énfasis recae sobre la certeza de que sucederá lo que Jesús ha dicho, y probablemente significa que el primero de los sucesos que preparan el fin del mundo (la caída de Jerusalén) sucederá en presencia de esta generación. La Palabra de Dios, en labios de Jesús, da testimonio de esta profecía (v. 33).

Después de describir el día de la venida del Hijo del Hombre, Jesús invita a sus oyentes a una conducta apropiada a la espera de su vuelta. Su aviso se dirige contra los placeres y cuidados representados por las "espinas" en la parábola del sembrador (8:14). Las presiones de la vida diaria embotan a las personas. La invitación a vigilar y orar prepara la misma invitación ante la agonía de Jesús (22:46). La sección se cierra con una recapitulación de la actividad diaria de Jesús por aquellos días en Jerusalén (19:47). Enseñaba en el Templo de día y pasaba las noches en oración en el Monte de los Olivos. Aunque los líderes trataban de deshacerse de él, la gente estaba pendiente de sus palabras (v. 38).

VI. LA PASION DE JESUS
1. La Cena Pascual

22 ¹Se acercaba la fiesta de los Panes sin Levadura, llamada también fiesta de Pascua. ²Los jefes de los sacerdotes y los maestros de la Ley no sabían de qué manera hacer desaparecer a Jesús, porque temían al pueblo. ³Pero Satanás entró en Judas, por sobrenombre Iscariote, que era uno de los Doce, ⁴y fue a tratar con los jefes de los sacerdotes y con los jefes de la policía del Templo sobre cómo se lo entregaría. ⁵Se alegraron y acordaron darle dinero. ⁶Judas aceptó el trato y desde entonces buscaba una ocasión favorable para entregarlo a escondidas del pueblo.

⁷Llegó el día de los Panes sin Levadura, en que se debía sacrificar la Pascua. ⁸Entonces Jesús envió a Pedro y a

22:1-6 Los conspiradores y el traidor. La historia de la pasión comienza con la preparación de la trampa por los conspiradores y el traidor. Lucas presenta a Jesús como el justo que sufre el martirio. Va paso a paso siguiendo el plan del Padre. El sufrimiento de Jesús no disminuye, pero lo acepta con paz interior y puede consolar a otros en sus agonías (28:28, 34, 43).

Las fiestas de los Panes sin Levadura y de la Pascua eran originalmente dos fiestas distintas—una fiesta agricultural del comienzo de la recolección de la cebada, y otra fiesta de nómadas en la que sacrificaban los primogénitos de los corderos. Muy temprano en la historia de Israel, las dos fiestas se unieron para celebrar la liberación de Egipto. La Pascua se celebraba el primer día de la fiesta de los Panes sin Levadura (v. 7). Los enemigos de Jesús del Sanedrín esperaban la oportunidad para deshacerse de él en medio de las multitudes que asistían a la fiesta. Necesitaban la cooperación de los oficiales de la policía del templo en caso de que Jesús fuera arrestado en el recinto sagrado.

Después de las tentaciones en el desierto, Lucas dijo que el demonio dejó a Jesús hasta otra oportunidad. La oportunidad ha llegado (Juan la llama "la hora": Jn 13:1) y Satanás toma posesión de Judas (cf. Jn 13:2, 27). La Iglesia entendió que la enormidad de la pasión iba más allá de la malicia humana. Los evangelistas señalan la tragedia irónica de que el traidor fuera uno de los Doce. (N.E.: El dinero es el lazo que une a los poderosos y al traidor apóstata en un pacto. Ellos "se alegraron" con el gozo del mal, que es lo opuesto a la alegría del Reino de la que Lucas habla con frecuencia; los que se alegran [en el mal], un día llorarán [6:25]. Mateo da la impresión de que Judas traicionó a Jesús, por una nada, por treinta monedas. Lucas parece pensar en una suma considerable, y en los Hechos de los Apóstoles, 1:18-19, dice que Judas se compró un campo para disfrutar de su ganancia. El dinero es más que un poderoso caballero, un enemigo peligroso para el cristiano.)

Juan, diciéndoles: "Vayan a preparar lo necesario para que celebremos la Cena de Pascua". ⁹Ellos le preguntaron: "¿Donde quieres que la preparemos?" ¹⁰Jesús contestó: "Cuando entren en la ciudad, encontrarán a un hombre que lleva un jarro de agua. ¹¹Síganlo hasta la casa donde entre y dígan al dueño de la casa: El Maestro manda decirte: ¿Cuál es la pieza en la que comeré la pascua con mis discípulos? ¹²El les va a mostrar una pieza grande y amueblada en el segundo piso. Preparen ahí lo necesario". ¹³Se fueron pues, y hallaron todo tal como les había dicho; y prepararon la Pascua.

¹⁴Llegada la hora, Jesús se sentó a la mesa con sus apóstoles. ¹⁵Les dijo: "En verdad, he deseado muchísimo comer esta Pascua con ustedes antes de padecer; ¹⁶porque, les aseguro, ya no la volveré a celebrar hasta que sea la nueva y perfecta Pascua en el Reino de Dios". ¹⁷Jesús recibió una copa, dio gracias y les dijo: "Tómenla y repártanla entre ustedes, ¹⁸porque les aseguro que ya no volveré a beber del jugo de la uva, hasta que llegue el Reino de Dios".

¹⁹Después, tomó el pan y, dando gracias, lo partió y se lo dio, diciendo: "Esto es mi cuerpo, el que es entregado por ustedes. Hagan esto en memoria mía". ²⁰Después de la Cena, hizo lo mismo con la copa. Dijo: "Esta copa es la Alianza Nueva sellada con mi sangre, que va a ser derramada por ustedes".

22:7-20 La Ultima Cena. Lucas, como Mateo y Marcos, presentan la Ultima Cena como una comida pascual. En el Evangelio de Juan, la Cena tiene lugar un día antes de modo que la muerte de Jesús coincide con la muerte de los corderos sacrificados para la Pascua. Pedro y Juan son enviados a hacer los preparativos: el lugar, la comida y su aderezo, los servidores. Jesús no les dice claramente el lugar para que no se entere Judas y así evitar el arresto prematuro. La señal es un hombre con un jarro de agua: las mujeres solían llevar los jarros; los hombres llevaban botellas de cuero.

Jesús sabe bien que su misión está llegando a su cumbre. Su acción dramatiza su entrega como nuevo Cordero Pascual. Jesús no comerá otra Pascua hasta la perfecta del Reino. La Iglesia entiende esto de la Eucaristía que se instituye inmediatamente y del banquete eterno del cielo (v. 30). Algunos traductores modernos omiten los versículos 19b y 20 porque faltan en algunos manuscritos antiguos, pero los textos críticos más modernos (católicos y protestantes) los incluyen como auténticos. Durante la cena pascual, los platos y las copas se compartían ritualmente, acompañados de oraciones y narraciones. Jesús interrumpe el ritmo del ritual para ofrecerse a si mismo a los discípulos en forma de pan y de vino. Esto señala un testamento nuevo. En el testamento antiguo, la unión entre Dios y su pueblo se representaba con la aspersión con sangre de un animal (Ex 24:5-8); ahora la unión se perfecciona con la sangre de uno que es Dios y hombre. Los discípulos de Jesús tienen que continuar haciendo en su memoria lo que él ha hecho. Esto se refiere a la acción ritual y a la entrega de sí mismo sacramentalizada en el rito.

²¹"Sin embargo, sepan que la mano del que me traiciona está sobre la mesa al lado mío. ²²El Hijo del Hombre se va por el camino trazado desde antes, pero ¡pobre de aquel hombre que lo entrega!" ²³Entonces empezaron a preguntarse unos a otros quién de ellos iba a hacer tal cosa.

²⁴Pero luego comenzaron a discutir cuál de ellos debía ocupar el primer lugar. ²⁵Jesús les dijo: "Los reyes de las naciones se portan como dueños de ellas y, en el momento en que las oprimen, se hacen llamar bienhechores. ²⁶Ustedes no deben ser así. Al contrario, el más importante entre ustedes se portará como si fuera el último, y el que manda como el que sirve.

²⁷"Pues ¿quién es más importante, el que está sentado a la mesa o el que sirve? El que está sentado, ¿no es cierto? Sin embargo, yo estoy entre ustedes como el que sirve.

²⁸"Ustedes han permanecido conmigo compartiendo mis pruebas. ²⁹Por eso les preparo un Reino, como mi Padre me lo ha preparado a mí. ³⁰Ustedes comerán y beberán en mi mesa, en mi Reino, y se sentarán en tronos, para juzgar a las Doce tribus de Israel.

³¹"Simón, mira que Satanás ha pedido permiso para sacudirlos a ustedes como se hace con el trigo; ³²pero yo he rogado por ti para que tu fe no se venga abajo. Tú, entonces, cuando hayas vuelto, tendrás que fortalecer a tus hermanos". ³³Pedro dijo: "Señor, estoy listo para acompañarte a la prisión y a la muerte". ³⁴Pero Jesús le respondió: "Pedro te digo que hoy mismo, antes del canto

22:21-38 División en la mesa. Lucas presenta su material de modo que aparezca el fuerte contraste entre las acciones de Jesús y del traidor, sentados a la misma mesa. Hasta el sentarse a la misma mesa con el Señor, Lucas dice a sus lectores, no es garantía de fidelidad a Jesús. La traición sucede de acuerdo al plan de Dios, pero el traidor es personalmente responsable de su acción. La insensitividad del grupo de los Doce aparece a medida que su discusión sobre quién será el traidor pasa a tratar de quién será el más grande. Esta disputa se encuentra en otro lugar en los otros Evangelios (Mc 10:42-45; Mt 20:25-28). Jesús les dice que las categorías de grandeza del Reino son diferentes de las del mundo. Le dice, con ironía, que los tiranos gustan ser llamados "bienhechores" por sus sujetos: esto sucedía en Roma, Egipto, y otras regiones paganas. El grande en el Reino de los cielos será el que sirva según el modelo del Maestro. Los Doce recibirán poder; han compartido el viaje de Jesús (que aun no ha terminado) junto con los ataques de sus enemigos. Ellos serán los nuevos patriarcas del renovado Israel de Dios.

Jesús se dirige al líder de los nuevos patriarcas llamándolo con su nombre judío. Le dice que Satanás ha pedido permiso para tentar a los Doce; no puede hacerlo sin el permiso especial de Dios. La intercesión poderosa de Jesús ayudará al líder. "Cuando hayas vuelto" es una alusión a la apostasía de Pedro y a su conversión que lo llevará a animar a sus hermanos. Pedro no acepta que pueda ser débil y reafirma su fidelidad. Jesús entonces le predice la negación sin dejar lugar a dudas. Pedro

del gallo, tres veces negarás haberme conocido''.

³⁵Después les dijo: "Cuando los mandé sin bolsa ni cartera, ni calzado, ¿les faltó algo?'' Ellos contestaron: ''Nada''. ³⁶Y Jesús agregó: "Pero ahora, si alguien tiene una cartera, que la lleve, y lo mismo el que tiene una bolsa. Y si alguien no tiene espada, mejor que venda su capa para comprarse una. ³⁷Pues, se lo digo, tiene que cumplirse en mi persona lo que dice la Escritura: *Lo tratarán como a un delincuente.* Todo lo que se refiere a mí llega a su fin''. ³⁸Ellos le dijeron: ''Mira, Señor, aquí hay dos espadas''. El les respondió: ''¡Basta ya!''

2. La Pasión, Muerte y Sepultura

³⁹Entonces Jesús salió y se fue, como era su costumbre, al cerro de los Olivos; y lo siguieron también sus discípulos. ⁴⁰Cuando llegaron al lugar, les dijo: ''Oren, para que no caigan en la tentación''.

⁴¹Después se alejó de ellos como a la distancia a la que uno tira una piedra y, doblando las rodillas, oraba ⁴²diciendo: "Padre, si quieres, aparte de mí esta prueba. Sin embargo, que no se haga mi voluntad sino la tuya''.

⁴³Entonces se le apareció un ángel del cielo que venía a animarlo. ⁴⁴Entró en agonía y oraba con más insistencia, y

no deberá pensar que se mereció su liderazgo entre los Doce gracias a sus propios méritos. La promesa de la intercesión de Jesús producirá su efecto.

En su mensaje de despedida, Jesús les recuerda las instrucciones que recibieron al ser enviados a predicar (9:3). Se les dijo que confiaran a la providencia de Dios sus necesidades. Ahora, a la vista de la crisis de la pasión y muerte de Jesús y de la persecución que va a azotar a la Iglesia naciente, Jesús les dice que se preparen bien para la lucha, llegando hasta tomar armas. Habla en un sentido figurado para que se den cuenta de la seriedad de la lucha, pero ellos lo interpretan al pie de la letra y sacan dos espadas. ''¡Basta ya!'' pone fin a una conversación que no entienden.

22:39-53 La agonía y el arresto. Lucas ha simplificado la narración de Marcos de la agonía en el Huerto. Jesús no escoge a tres discípulos para que lo acompañen; en consecuencia, la advertencia de rezar para no caer en la tentación se dirige a los Doce (y a los lectores) y es un tema principal (vv. 40, 46). Jesús mismo es tentado a no aceptar el cáliz, pero acepta la voluntad del Padre. Aquí culmina su lucha con Satanás (cf. 4:1-13); un ángel viene en su ayuda para que pueda orar con mayor intensidad. El sudor no es de sangre sino que cae como gotas de sangre. Entre tanto, sus discípulos que no se dan cuenta de lo que está sucediendo se han quedado dormidos. En la advertencia de Jesús, podemos oír a Jesús que nos previene a fortalecernos con la oración para la persecución que azotará a sus seguidores.

El traidor es identificado de nuevo como uno de los Doce (v. 47). Los discípulos todavía no entienden su función de seguidores de Jesús y ha-

su sudor se convirtió en grandes gotas de sangre que caían hasta el suelo.

⁴⁵Después de orar, se levantó y fue hacia donde estaban los discípulos y los halló dormidos, vencidos por la tristeza. ⁴⁶Les dijo: "¿Cómo pueden dormir? Levántense y oren para que no caigan en la tentación".

⁴⁷Estaba todavía hablando, cuando llegó un grupo encabezado por Judas, uno de los Doce. Se acercó a Jesús para darle un beso, ⁴⁸y Jesús le dijo: "Judas, con un beso traicionas al Hijo del Hombre".

⁴⁹Los discípulos comprendieron lo que iba a pasar y preguntaron a Jesús: "Señor, ¿sacamos la espada?" ⁵⁰Y uno de ellos hirió al servidor del Sumo Sacerdote y le cortó la oreja derecha. ⁵¹Pero Jesús le dijo: "Basta". Y tocándole la oreja al hombre lo sanó.

⁵²Después Jesús habló a los que habían venido a tomarlo preso, jefes de todos los sacerdotes, de la policía del Templo y de los judíos; les dijo: "¿Soy un bandido para que hayan salido armados de espadas y palos? ⁵³Yo estaba día a día con ustedes en el Templo, y no me detuvieron. Pero ahora que dominan las tinieblas, les toca su turno".

⁵⁴Entonces lo tomaron preso y lo llevaron a la casa del Sumo Sacerdote, donde entraron. Pedro lo seguía de lejos. ⁵⁵Como los servidores habían encendido fuego en medio del patio y estaban sentados alrededor, Pedro vino a sentarse con ellos. ⁵⁶Una muchacha de la casa lo vio sentado frente al fuego y, mirándolo fijamente, dijo: "Este también estaba con él". ⁵⁷Pero Pedro lo negó, diciendo: "Mujer, no lo conozco".

⁵⁸Poco después, otro exclamó al verlo: "Tú también eres uno de ellos". Pero Pedro respondió: "No hombre, no lo soy". ⁵⁹Como una hora más tarde, otro afirmaba con insistencia: "Seguramente éste también estaba con él, y además es

cen uso de la espada. Sólo San Lucas dice que Jesús cura la oreja del siervo. Amonesta al grupo que viene a arrestarlo buscándolo en un lugar retirado y de noche, indicando que su acción no puede pasar a la luz del día. Lo que están haciendo constituye un auténtico "triunfo de las tinieblas" (v. 53). Jesús habla de su pasión como de la "hora"; pero el tono no es tan positivo como el del Evangelio de San Juan donde la hora es el tiempo del cumplimiento del plan del Padre (Jn 13:1; 17:1). Aquí se trata de "la hora de ustedes", la hora de las tinieblas.

22:54-65 Pedro niega a Jesús. A diferencia de Mateo y Marcos, Lucas no lleva a Jesús ante las autoridades judías por la noche, Lucas se centra en las negaciones de Pedro, dejando a Jesús de momento a un lado. Pedro no va de un lugar a otro como en los demás Sinópticos sino que se queda en el patio y donde Jesús le verá después de que cante el gallo. Una mujer y dos hombres acusan a Pedro en el espacio de algo más de una hora. Lucas quiere mostrar que la persistencia de Pedro quedándose en el mismo lugar a pesar del peligro de ser identificado, es una señal de su deseo aunque flojo de andar con Jesús. Cuando Jesús le mira no se siente aplastado por el remordimiento sino que vuelve en si tal como Jesús lo había pedido en su oración (v. 32). Las burlas de Jesús parecen tener lugar en el patio a manos de la policía del templo. Se burlan de su papel como

galileo''. ⁶⁰Pedro dijo entonces: ''Amigo, no entiendo lo que dices''. Y en el mismo momento en que Pedro hablaba, un gallo cantó. ⁶¹El Señor se volvió y fijó la mirada en Pedro. Entonces Pedro se acordó de que el Señor le había dicho: ''Hoy, antes que cante el gallo, tú me negarás tres veces''. ⁶²Y saliendo afuera, lloró amargamente.

⁶³Los hombres que tenían preso a Jesús comenzaron a burlarse de él y a darle golpes. ⁶⁴Le vendaron los ojos y después le preguntaban: ''Adivina quién te pegó''. ⁶⁵Y lanzaban en su contra muchos otros insultos.

⁶⁶Cuando amaneció, se reunieron los jefes de los judíos, los jefes de los sacerdotes y los maestros de la Ley. Y mandaron traer a Jesús ante su tribunal. ⁶⁷Le dijeron: ''Dinos si tú eres el Cristo''.

Jesús respondió: ''Si se lo digo, ustedes no me creerán, ⁶⁸y si les pregunto algo, no me van a contestar. ⁶⁹Pero en adelante el Hijo del Hombre estará sentado a la derecha del Dios Poderoso''. ⁷⁰Le preguntaron todos: ''Entonces, ¿tú eres el Hijo de Dios?'' Les declaró: ''Dicen bien, lo soy''.

⁷¹Ellos dijeron: ''¿Para qué buscar otro testimonio? Nosotros mismos lo hemos oído de su boca''.

23 ¹Después se levantó toda la asamblea y lo llevaron ante Pilato. ²Ahí empezaron a acusarlo, diciendo: ''Hemos comprobado que este hombre es un agitador. No quiere que se paguen los impuestos al César y se

profeta de Dios; Lucas ve en ello la blasfemia contra Dios (en el texto griego del v. 65). Lucas no menciona el papel de los soldados romanos (Mc 14:65; Mt 26:67-68).

22:66-71 El fallo del Sanedrín. Lucas cuenta una sola reunión del Sanedrín, al amanecer; esto es más posible que la reunión que Marcos y Mateo ponen por la noche, seguida de otra reunión al amanecer en la que deciden contra Jesús. Sólo Marcos y Mateo hablan de la reunión nocturna del Sanedrín. Jesús no quiere identificarse como el Mesías de la esperanza popular; habla de sí mismo como juez en su función de Hijo del Hombre (Dan 7:13-14). Ellos interpretan correctamente la respuesta de Jesús como una afirmación de su condición divina especial; para ellos esto es una blasfemia que merece la muerte (cf. Mc 14:62-64). El Sanedrín no tiene poder para condenar a muerte; deben acusar a Jesús ante el tribunal de la autoridad romana.

23:1-12 Pilato y Herodes. Poncio Pilato había sido procurador o gobernador romano de Judea por unos cinco años (cf. 3:1). Su residencia estaba en la ciudad costera de Cesarea, pero había ido a Jerusalén a causa del gran número de judíos que se juntaban en la ciudad para la Pascua. Lucas sigue el esquema de Marcos pero añade varios detalles que ponen de relieve la inocencia de Jesús. El episodio de Herodes lo cuenta sólo San Lucas.

Una de las acusaciones es claramente falsa—la oposición a los impuestos romanos (cf. 20:20-25). Jesús no ha dicho claramente al Sanedrín que él sea el Mesías, aunque tampoco no lo ha negado; su entrada en Jeru-

hace pasar por el rey enviado por Dios''. ³Pilato, pues, lo interrogó en estos términos: ''¿Eres tú el rey de los judíos?'' Jesús le contestó: ''Tú eres el que lo dice''.

⁴Pilato dijo a los jefes de los sacerdotes y a la multitud: ''Yo no veo delito alguno en este hombre''. ⁵Pero ellos insistieron: ''Está alborotando al pueblo y difunde su doctrina por todo el país de los judíos. ⁶Comenzó por Galilea y ha llegado hasta aquí''.

⁷Pilato preguntó entonces si el hombre era galileo. Cuando supo que Jesús era de la provincia encargada al rey Herodes, se lo mandó, ya que Herodes se encontraba también en Jerusalén en esos días.

⁸Al ver a Jesús, Herodes se alegró mucho, pues hacía bastante tiempo que deseaba verlo por lo que oía hablar de él: y también esperaba que Jesús hiciera algún milagro en su presencia. ⁹Por eso le hizo muchas preguntas, pero Jesús no le contestó nada. ¹⁰Mientras tanto, los jefes de los sacerdotes y los maestros de la Ley estaban presentes y no se cansaban de acusarlo.

¹¹Herodes con sus guardias lo trató con desprecio. Le puso por burla un manto blanco y lo envió de vuelta a Pilato. ¹²Y ese mismo día, Herodes y Pilato, de enemigos que eran, se quedaron amigos.

¹³Pilato reunió a los jefes de los sacerdotes, a los jefes de los judíos y al pueblo. ¹⁴Les dijo: ''Ustedes me presentaron a este hombre acusándolo de agitador. Lo interrogué personalmente delante de ustedes, pero no lo hallé cul-

salén era una declaración tácita (19:28-40). Lucas dice que Jesús se hacía pasar por Cristo ''Rey'', añadiendo esta última palabra para beneficio de sus lectores griegos. Después de la respuesta general de Jesús, Pilato lo declara inocente. No da razones para ello, porque al abreviar la narración Lucas supone que las razones son ya conocidas. Se vuelven a repetir los cargos, esta vez en términos que abarcan todo el ministerio de Jesús como se conoce tradicionalmente, comenzando en Galilea y extendiéndose a todo el país (Hch 10:37).

La mención de Galilea da a Pilato la oportunidad para traspasar el caso al tetrarca de Galilea, Herodes Antipas que se encontraba también en Jerusalén para la fiesta. Ya se mencionó antes la curiosidad de Herodes sobre Jesús (9:9). Jesús, según su costumbre, no contesta a la petición de un milagro ni a las preguntas mal intencionadas. La burla que Herodes hace de Jesús irónicamente contribuye a la reconciliación con Pilato (cuya conducta mencionada en 13:1 pudo ser causa de la enemistad). La cooperación de los dos se verá más adelante como cumplimiento de las profecías (Sal 2:1-2; Hch 4:25-28).

23:13-25 La sentencia de muerte. La segunda escena delante de Pilato combina en forma creciente la inocencia de Jesús con la hostilidad de la gente y la debilidad de Pilato. Pilato trata de varios modos de convencer a la gente de la inocencia de Jesús. No tiene la valentía ni la libertad para hacer lo que ve que es justo. La multitud pide la libertad del preso Barrabás de acuerdo a lo que debía ser una costumbre local autorizada por los

pable de ninguno de los crímenes de que lo acusan. ¹⁵Ahora tampoco Herodes lo juzgó culpable, puesto que me lo mandó de vuelta. Como ustedes ven, en todo lo que hizo no hay ningún crimen que merezca la muerte. ¹⁶Así es que, después de castigarlo, lo dejaré libre''. [¹⁷] ¹⁸Pero ellos se pusieron a gritar todos juntos; ''Mátalo a él y deja libre a Barrabás''.

¹⁹Este Barrabás había sido encarcelado por asesinato en un disturbio sucedido en Jerusalén.

²⁰Pilato, que quería dejar libre a Jesús, les dirigió de nuevo la palabra. ²¹Pero ellos le gritaban: ''Crucifícalo, crucifícalo''. ²²Por tercera vez les dijo: ''Pero, ¿qué mal ha hecho este hombre? No encontré nada en su asunto que mereciera

la muerte. Por eso no haré más que castigarlo y lo soltaré''. ²³Pero ellos insistían con grandes gritos, pidiendo que fuera crucificado, y el clamor iba en aumento.

²⁴Entonces Pilato pronunció la sentencia que ellos reclamaban. ²⁵Luego soltó al que estaba preso por agitador y asesino, según ellos mismos exigían, y dejó que trataran a Jesús como quisieran.

²⁶Cuando lo llevaban, tomaron a un tal Simón de Cirene que volvía del campo, y le cargaron la cruz de Jesús para que la llevara detrás de él. ²⁷Lo seguía muchísima gente, especialmente mujeres que se golpeaban el pecho y se lamentaban por él.

²⁸Jesús, volviéndose hacia ellas, les dijo: ''Hijas de Jerusalén, no lloren por

procuradores de Judea. Barrabás era un revolucionario y asesino que realmente podía ser un peligro para la estabilidad del gobierno romano. El versículo 17 se debe omitir por ser una inserción de Marcos 15:6.

La crucifixion se menciona de repente por primera vez en el versículo 21. Lucas no explica por qué la gente se ha vuelto tan violenta (cf. Mc 15:11). La crucifixión era un castigo cruel y humillante que los romanos reservaban para los esclavos y para ciudadanos no romanos reos de los peores crímenes. Los judíos veían en este suplicio una maldición (Dt 21:23; Gal 3:13). Pilato trata de calmar a la gente con la promesa de azotar a Jesús para ''enseñarle una lección'' (vv. 16, 22)—lo cual es absurdo si Jesús es realmente inocente. Pilato ya no puede aguantar la presión. Entrega a Jesús a la voluntad de la gente; la voluntad de la gente se hace, aunque es perversa, porque coincide con la voluntad del Padre (22:42).

23:26-31 El camino de la cruz. El hecho de que el hombre que fue obligado a ayudar a Jesús a llevar la cruz fuera de Cirene podía ser importante para los primeros convertidos de Cirene (Hch 6:9; 11:20; 13:1). Simón tuvo que llevar el brazo horizontal de la cruz de Jesús que era demasiado pesado para Jesús que iba perdiendo las fuerzas. Este madero sería luego sujetado al brazo vertical de la cruz que estaba fijo en el suelo en el lugar de las ejecuciones. Lucas añade el detalle de que Simón caminaba detrás de Jesús, siguiéndole, para que simbolizara al discípulo ideal (14:27).

Jesús es llevado a la muerte de acuerdo a la voluntad del Padre; parece desamparado en manos de sus verdugos. Pero aún es el Señor, y

mí. Lloren más bien por ustedes mismas y por sus hijos. ²⁹Porque está por llegar el día en que se díra: Felices las madres sin hijos, felices las mujeres que no dieron a luz ni amamantaron. ³⁰Entonces se dirá: *¡Ojalá los cerros caigan sobre nosotros! ¡Ojalá que las lomas nos ocultaran!* ³¹Porque si así tratan al árbol verde, ¿qué harán con el seco?''

³²Junto con Jesús llevaban también a dos malhechores para ejecutarlos. ³³Cuando llegaron al lugar llamado de la Calavera, lo crucificaron a él y a los malhechores, uno a su derecha y el otro a su izquierda. ³⁴(Mientras tanto Jesús decía: ''Padre, perdónalos, porque no saben lo que hacen''.) Después se repartieron sus ropas, sorteándoselas.

³⁵La gente estaba ahí mirando: los jefes, por su parte, se burlaban diciendo: ''Ya que salvó a otros, que se salve a sí mismo, para ver si es el Cristo de Dios, el Elegido''. ³⁶Los soldados también se burlaban de él. Cuando le ofrecieron de su vino agridulce para que lo tomara ³⁷le dijeron: ''Si tú eres el rey de los judíos, sálvate a ti mismo''. ³⁸Porque había en lo alto de la cruz un letrero que decía: ''Este es el rey de los judíos''.

³⁹Uno de los malhechores crucificado, insultándolo, le dijo: ''¿Así que tú eres el Cristo? Sálvate, pues, y también a nosotros''.

⁴⁰Pero el otro le reprendió, diciéndole: ''¿No temes a Dios, tú que estás en el

en el camino pronuncia otra profecía sobre Jerusalén (cf. 19:42-44). Las mujeres de Jerusalén que solían consolar a los condenados reciben un anuncio divino para la ciudad y para ellas mismas. Desearán ocultarse de la calamidad que va a caer sobre Jerusalén (cf. Os 10:8). Al contrario de la mujer que se alegraba porque María había dado a luz a Jesús (11:27), estas mujeres se alegrarán de no haber tenido hijos que sufran durante el sitio de la ciudad. Jesús las deja con un proverbio: El árbol seco arde mejor que el verde. Si Jesús que es inocente tiene que sufrir tanto, ¿qué será de la pecadora Jerusalén?

23:32-49 Crucifixión y muerte. Lucas no usa el nombre arameo de ''Gólgota'' como los otros evangelistas, sino que llama al lugar de la ejecución la ''Calavera'', palabra que describía la forma de las rocas del Calvario. Jesús es crucificado entre dos criminales (cf. 22:37; Is 53:12). Pronuncia palabras de perdón que servirán de modelo para los cristianos que sufran inocentemente y que resonarán en labios de Esteban, el primer mártir (Hch 7:60). La división de sus ropas refleja el texto del salmo 22:19. Aunque Lucas no absuelve completamente a los judíos de su complicidad en la muerte de Jesús, muestra que fue el fruto de la hostilidad y del odio de los líderes (v. 35). Lucas hace que los que se burlan de Jesús lo llamen ''el Elegido'' (como en la transfiguración: 9:35), en lugar de llamarlo ''Rey de Israel'' (Mc 15:32; Mt 27:42), porque era un título más adaptado a sus lectores griegos. Los soldados le ofrecen su propia bebida barata, lo cual puede verse como un acto de compasión, pero es una burla el ofrecer semejante bebida a un rey.

mismo suplicio? ⁴¹Nosotros lo tenemos merecido, y pagamos nuestros crímenes. ⁴²Pero él no ha hecho nada malo". Y añadió: "Jesús, acuérdate de mí cuando llegues a tu Reino". ⁴³Respondió Jesús: "En verdad, te digo que hoy mismo estarás conmigo en el Paraíso".

⁴⁴Como al mediodía, se ocultó el sol y todo el país quedó en tinieblas hasta las tres de la tarde. ⁴⁵En ese momento la cortina del Templo se rasgó por la mitad, ⁴⁶y Jesús gritóo muy fuerte: *"Padre,*

en tus manos encomiendo mi espíritu", y, al decir estas palabras, expiró.

⁴⁷El capitán, al ver lo que había pasado, reconoció la obra de Dios, diciendo: "Realmente este hombre era un justo". ⁴⁸Y toda la gente que se había reunido para este espectáculo, al ver lo sucedido, comenzó a irse golpéandose el pecho.

⁴⁹Estaban a lo lejos todos los conocidos de Jesús y también las mujeres que lo habían acompañado desde Galilea; todo esto lo presenciaron ellos.

El incidente del buen ladrón se encuentra solamente en Lucas. El criminal que se burlaba de Jesús, según el texto griego, estaba "blasfemando"; esta palabra expresa el punto de vista de la fe cristiana sobre la identidad de Jesús. El otro criminal le pide que se acuerde de él cuando llegue a su reino. Piensa en el reino mesiánico definitivo que los judíos esperaban al final del tiempo presente pero que en la teología de Lucas es el tiempo de la exaltación de Jesús por su resurrección y ascensión. Jesús le promete para *hoy mismo* un lugar en el "paraíso", porque la muerte de Jesús comienza el Exodo (9:31) que abre una nueva vía de salvación. "Paraíso" es una palabra de origen persa que designaba un parque cercado y que en el griego del antiguo testamento es el jardín del Edén del Génesis. Las escrituras judías posteriores veían el paraíso como un estado intermedio de felicidad para los justos antes del juicio final (4 Esdras 4:7; 2 Enoc 42:3). En el texto presente el paraíso parece referirse a ese estado intermedio de felicidad.

El tiempo de la oscuridad (22:53) parece completo al acercarse Jesús a su muerte. Lucas no habla técnicamente de un eclipse de sol sino de la falta de luz. La cortina del templo que se rasgó servía para ocultar el Santo de Los Santos, por lo que la muerte de Jesús da un nuevo acceso a Dios e inaugura una nueva dispensación en lugar de la antigua. Jesús muere con una oración de resignación a la voluntad del Padre, tomada del salmo 31:6. El centurión romano declara a Jesús inocente al final del largo proceso (en Mc 15:39 y Mt 27:54, el centurión declara a Jesús "Hijo de Dios"). La gente se golpea el pecho—probablemente en señal de dolor por la muerte de uno a quien ahora ven como inocente y de arrepentimiento del mal en que han participado. Lucas no mencionó la huída de los discípulos en el Huerto (cf. Mc 14:50; Mt 26:56). Implica que han estado viendo desde lejos los sucesos en la impotencia y el temor.

⁵⁰Intervino entonces un hombre del Consejo Supremo de los judíos que se llamaba José. Era un hombre bueno y justo ⁵¹que no había estado de acuerdo con los planes ni actos de los otros. Este hombre, de Arimatea, pueblo de Judea, esperaba el Reino de Dios. ⁵²Fue a presentarse a Pilato para pedirle el cuerpo de Jesús. ⁵³Habiéndolo bajado de la cruz, lo envolvió en una sábana y lo depositó en un sepulcro cavado en la roca, donde nadie había sido enterrado aún. ⁵⁴Era el día de la Preparación de la Pascua y ya estaba por comenzar el día sábado. ⁵⁵Entonces las mujeres que habían venido de Galilea con Jesús siguieron a José para conocer el sepulcro y ver cómo ponían su cuerpo. ⁵⁶Después volvieron a su casa a preparar pomadas y perfumes, y el sábado cumplieron con el reposo ordenado por la Ley.

VII. APARICIONES DESPUES DE LA RESURRECCION

24 ¹El primer día de la semana, muy temprano, fueron al sepulcro con los perfumes que habían preparado. ²Pero se encontraron con que la piedra que cerraba el sepulcro había sido removida y, ³al entrar, no encontraron el cuerpo del Señor Jesús.

⁴No sabían que pensar, pero, en ese momento, vieron a su lado dos hombres con ropas fulgurantes. ⁵Se asustaron mucho, y no se atrevían a levantar los ojos del suelo. Ellos les

23:50-56 La sepultura de Jesús. José de Arimatea, pueblo situado al norte de Jerusalén, es descrito del mismo modo que Zacarías, Isabel (1:6), y Simeón (2:25). Como Simeón y Ana (2:38), esperaba el Reino de Dios. Los detalles de la sepultura de Jesús en una tumba nueva son los mismos en los cuatro Evangelios. No mencionan la unción del cuerpo de Jesús en este momento.

Las mujeres de Galilea siguen fieles cerca de Jesús (cf. 8:1-3: Hch 1:14). Cuando se dice que vieron la tumba y el cuerpo (v. 55) probablemente se quiere responder a rumores posteriores de que la resurrección fue inventada cuando las mujeres fueron a una tumba equivocada (vacía) en la mañana de Pascua. Lucas no dice cuando se prepararon perfumes—antes o después del sábado, pero Lucas quiere evitar la impresión de que algo se hizo sin respeto a la Ley de Moisés.

24:1-12 La resurrección. La narración de Lucas sobre el hallazgo del sepulcro vacío sigue a Marcos, pero añade la historia de la visita de Pedro al sepulcro (narrada de otro modo por San Juan: 20:3-8). Las narraciones evangélicas de la resurrección nos sorprenden por sus diferencias: ¿Había un solo hombre o ángel o eran más bien dos? ¿Fue Pedro al sepulcro él solo o fue acompañado por Juan? ¿Se apareció Jesús a los discípulos en Galilea o sólo en Jerusalén? Estas diferencias son fruto de la tradición oral de los hechos. El que no hayan sido arregladas en una historia sencilla y clara de testimonio de la autenticidad de la experiencia que cuentan. Los testigos estaban plenamente convencidos de lo que habían visto, sentido, y oído, por lo que no se preocuparon de editar su proclamación.

dijeron: "¿Por qué buscan entre los muertos al que vive? 6No está aquí Resucitó. Acuérdense de lo que les dijo cuando todavía estaba en Galilea: 7El Hijo del Hombre debe ser entregado en manos de los pecadores y ser crucificado y resucitado al tercer día". 8Ellas entonces recordaron las palabras de Jesús.

9A la vuelta del sepulcro, les contaron a los Once y a todos los demás lo que les había pasado. 10Eran María de Magdala, Juana y María, madre de Santiago. También las demás mujeres que estaban con ellas decían lo mismo a los apóstoles. 11Pero los relatos de las mujeres les parecieron puros cuentos y no les hicieron caso. 12Sin embargo, Pedro partió corriendo al sepulcro. Al agacharse no vio sino los lienzos. Y volvió a casa muy sorprendido por lo ocurrido.

13Ese mismo día, dos discípulos iban de camino a un pueblecito llamado Emaús, a unos treinta kilómetros de Jerusalén, 14conversando de todo lo que había pasado.

15Mientras conversaban y discutían, Jesús en persona se les acercó y se puso a caminar a su lado, 16pero algo impe-

Jesús recibe el título oficial de "Señor Jesús" (v. 3) ya que le pertenece por la resurrección. La pregunta que se hace a las mujeres lleva consigo una declaración implícita de fe; esta pregunta llena de significados se hace también a los que leen la historia: ¿Por qué buscan entre los muertos al Viviente? La resurrección de Jesús ha sucedido según él lo predijo y de acuerdo a la voluntad del Padre. Lo que ha sucedido con Jesús se describe por activa y por pasiva: "Ha (sido) resucitado" (v. 6) y "resucitará" (v. 7). Estas dos maneras de hablar se encuentran en otros textos del Nuevo Testamento. La forma pasiva es más frecuente y expresa la verdad de que todo el proceso de la salvación, incluida la resurrección del Hijo de Dios, se origina en Dios Padre.

Los nombres de las mujeres no coinciden en los Evangelios pero María Magdalena es mencionada por todos. Juana había sido mencionada como acompañante de Jesús en su ministerio (8:3). La tercera mujer es llamada simplemente "María de Santiago" en el texto griego; en Marcos 15:40 se dice que era madre (no esposa) de Santiago.

24:13-35 Los discípulos de Emaús. Dos de los discípulos que habían estado con los otros once la mañana de Pascua (v. 9) salen para Emaús después de haber oído la noticia de las mujeres y de Pedro. Esta historia, propia de Lucas, tiene semejanzas con la del bautismo del eunuco etíope por Felipe en los Hechos de los Apóstoles: una jornada, interpretación de las Escrituras, acción significativa, desaparición misteriosa (Hch 8:26-40). En el texto griego se dice que la aldea de Emaús distaba "sesenta estadios" de Jerusalén. Un *estadio* medía unos seiscientos pies, por lo que la distancia era de unas siete millas.

Jesús es confundido con un peregrino que vuelve a casa después de la fiesta. Los discípulos no lo reconocen. "Algo les impedía reconocerlo",

día que sus ojos lo reconocieran. [17]Jesús les dijo: "¿Qué es lo que van conversando juntos por el camino?" Ellos se detuvieron, con la cara triste.

[18]Uno de ellos, llamado Cleofás, le contestó: "¿Cómo, así que tú eres el único peregrino en Jerusalén que no sabe lo que pasó en estos días?" [19]"¿Qué pasó?", preguntó Jesús. Le contestaron: "Todo ese asunto de Jesús Nazareno. Este hombre se manifestó como un profeta poderoso en obras y en palabras, aceptado tanto por Dios como por el pueblo entero. [20]Hace unos días, los jefes de los sacerdotes y los jefes de nuestra nación lo hicieron condenar a muerte y clavar en la cruz. [21]Nosotros esperábamos, creyendo que él era el que ha de libertar a Israel; pero a todo esto van dos días que sucedieron estas cosas. [22]En realidad, algunas mujeres de nuestro grupo nos dejaron sorprendidos. [23]Fueron muy de mañana al sepulcro y, al no hallar su cuerpo, volvieron a contarnos que se les habían aparecido unos ángeles que decían que estaba vivo. [24]Algunos de los maestros fueron al sepulcro y hallaron todo tal como habían dicho las mujeres; pero a él no lo vieron".

[25]Entonces Jesús les dijo: "¡Qué poco entienden ustedes y cuánto les cuesta

o sus ojos estaban cerrados con una especie de ceguera espiritual. Varias historias de las apariciones dicen que Jesús resucitado parecía otro (Mc 16:12; Jn 20:14; 21:4). Su cuerpo ha quedado transformado por la resurrección, pero lo que es realmente importante es que para reconocer al Señor resucitado hace falta la visión de fe. Los lectores pueden consolarse y afirmarse al saber que los amigos de Jesús eventualmente lo reconocieron y dieron testimonio de la realidad de la resurrección, pero se animarán más al pensar que el reconocimiento del Señor no depende del verlo con los ojos de la carne.

Los discípulos estaban desanimados por la muerte de Jesús y no podían creer que los sucesos que habían desquiciado su mundo no fueran conocidos por todos los peregrinos. Se nombra a Cleofás pero no al otro; quizás Cleofás fue más tarde persona de importancia en la comunidad cristiana. Describen a Jesús como profeta poderoso, el profeta esperado semejante a Moisés (Dt 18:15; Hch 7:22). Habían esperado que fuera no sólo un profeta sino el libertador de Israel (cf. 1:68). De nuevo se recalca el papel de los líderes judíos en la crucifixión de Jesús (v. 20). El "tercer día" es recordado probablemente como parte de una promesa misteriosa de Jesús (18:33). Ni siquiera las noticias del sepulcro vacío los llevan a concluir que ha resucitado, porque la resurrección que esperaban los judíos era la victoria general de los justos al final. Para ellos era evidente que no había llegado el final del órden viejo y el comienzo del nuevo. No esperaban una resurrección individual en medio de la historia.

Jesús los reprueba por su ceguera. Han leído las profecías toda su vida pero no reconocen su cumplimiento en el sufrimiento *necesario* y la muerte de Jesús según el plan de Dios. La cruz venía antes de la gloria. Esto será

creer todo lo que anunciaron los profetas! [26]No tenía que ser así y que el Cristo padeciera para entrar en su Gloria?'' [27]Y comenzando por Moisés y recorriendo todos los profetas, les interpretó todo lo que las Escrituras decían sobre él. [28]Cuando ya estaban cerca del pueblo al que ellos iban, él aparentó seguir adelante. [29]Pero le insistieron, diciéndole: ''Quédate con nosotros, porque cae la tarde y se termina el día''. Entró entonces para quedarse con ellos. [30]Una vez que estuvo a la mesa con ellos, tomó el pan, lo bendijo, lo partió y se lo dio. [31]En reconocieron, pero ya había desaparecido.

[32]Se dijeron uno al otro: ''¿No sentíamos arder nuestro corazón cuando nos hablaba en el camino y nos explicaba las Escrituras?''

[33]Y en ese mismo momento se levantaron para volver a Jerusalén. Allí encontraron reunidos a los Once y a los de su grupo. [34]Estos les dijeron: ''¡Es verdad! El Señor resucitó y se dejó ver por Simón''.

[35]Ellos, por su parte, contaron lo sucedido en el camino y cómo lo habían reconocido al partir el pan.

[36]Mientras estaban hablando de todo esto, Jesús se presentó en medio de ellos. [37]Le dijo: ''Paz a ustedes''. Estaban atónitos y asustados, pensando que veían a algún espíritu.

[38]Pero él les dijo: ''¿Por qué se asustan tanto, y por qué les vienen estas du-

válido para los discípulos (Hch 14:22). Los discípulos se sienten impactados por lo que Jesús les ha dicho y le piden que se quede con ellos. La palabra ''quedarse'' o ''permanecer'' aquí puede tener resonancia especial como la tiene en el Evangelio de Juan (Jn 14:17; 15:4-10). Se dice que Jesús come con ellos de modo que se recuerde la multiplicación de los panes (9:16) y la Ultima Cena (22:19). Lo reconocen en esta ''fracción del pan'' (nombre dado a la Eucaristía: Hch 2:42, 46); inmediatamente Jesús desaparece. Recuerdan que sus corazones ''ardían'', sin saber ellos el por qué, cuando les había explicado las Escrituras. Ahora se dan cuenta de que habían estado sintiendo su presencia resucitada. Los lectores de Lucas saben que tienen a mano la misma experiencia en la Iglesia, en la Eucaristia, y en la lectura de las Escrituras.

La experiencia del Señor resucitado no puede guardarse en el pecho. Hay que compartirla y proclamarla (Hch 4:20). Para cuando vuelven a Jerusalén, la buena noticia se ha difundido. Jesús se ha aparecido ya a Pedro, el líder de los Doce; esta aparición no se nos cuenta en los Evangelios. Lucas cierra su narración con un aviso de importancia especial para sus lectores: lo reconocieron ''al partir el pan''.

24:36-49 Jesús se aparece a la comunidad. Si la narración anterior subrayaba la presencia espiritual de Jesús en la Iglesia, ahora se recalca la realidad física de su cuerpo resucitado. Desde los primeros tiempos de la Iglesia había peligro de docetismo, la creencia errónea de que Jesús era Dios oculto detrás de una aparición y por lo tanto su sufrimiento ho fue más que teatro y que su resurrección fue la vuelta a la existencia es-

das? ³⁹Miren mis manos y mis pies, soy yo. Tóquenme y fíjense bien que un espíritu no tiene carne ni huesos, como ustedes ven que yo tengo''. ⁴⁰Y al mismo tiempo les mostró sus manos y sus pies. ⁴¹Y como, en medio de tanta alegría, no podían creer y seguían maravillados, les dijo: ''¿Tienen aquí algo que comer?''

⁴²Ellos le ofrecieron un pedazo de pescado asado ⁴³y él lo tomó y comió ante ellos.

⁴⁴Jesús les dijo: ''Todo esto se lo había dicho cuando estaba todavía con ustedes. Tenía que cumplirse lo que está escrito en la Ley de Moisés, en los Profetas y en los Salmos respecto a mí''.

⁴⁵Entonces les abrió la mente para que lograran entender las Escrituras y les dijo: ⁴⁶''Esto estaba escrito: los sufrimientos de Cristo, su resurrección de entre los muertos al tercer día ⁴⁷y la predicación que ha de hacerse en su Nombre a todas las naciones, comenzando por ese momento se les abrieron los ojos y lo Jerusalén, ⁴⁸invitándoles a que se conviertan y sean perdonadas de sus pecados. Y ustedes son testigos de todo esto.

⁴⁹''Ahora yo voy a enviar sobre ustedes al que mi Padre prometió. Por eso, quédense en la ciudad hasta que hayan sido revestidos de la fuerza que viene de arriba''.

⁵⁰Jesús los condujo hasta cerca de Betania y, levantando las manos, los bendijo. ⁵¹Y, mientras los bendecía, se alejó de ellos y fue elevado al cielo.

piritual perfecta sin consecuencias para su cuerpo. Las epístolas de Juan combaten esta herejía (1 Jn 4:2-3; 2 Jn 7). La narración presente afirma que el cuerpo de Jesús resucitado es real. Sus discípulos lo tocan; pueden ver en manos y pies las señales de la pasión; come con sus discípulos.

No nos sorprende el susto de los discípulos, aunque ya saben que se ha aparecido antes. Están excitados y tensos con los sucesos inesperados cuando Jesús aparece en medio de ellos. Les hace una pregunta retórica que sirve para introducir la instrucción sobre las Escrituras que les ayudará a entender el significado del acontecimiento maravilloso. Se cita el antiguo testamento mencionando sus tres secciones: Ley, Profetas, Salmos. Sus palabras declarándolos testigos de su resurrección anticipan los Hechos de los Apóstoles. Van a predicar la metanoia (arrepentimiento más que penitencia) para el perdón de los pecados (Hch 2:38). La ''promesa'' del Padre es el Espíritu Santo que se les dará para que puedan desempeñar su misión (Hch 1:8).

24:50-53 La Ascensión. El Evangelio de Lucas concluye con el final del viaje comenzado en 9:51 (cf. Hch 1:2). Es sorprendente el encontrar dos narraciones contradictorias de la ascensión escritas por el mismo autor. Aquí la ascensión sucede el día de la resurrección; en los Hechos de los Apóstoles sucede cuarenta días después (Hch 1:3, 9). La ascensión, exaltación de Jesús como Señor resucitado a la derecha del Padre, tuvo lugar inmediatamente ya que formaba parte del triunfo de la resurrección, pero la despedida, de forma visible, visible de la comunidad tuvo lugar más adelante. Las dos descripciones de la ascensión difieren porque Lucas

⁵²Ellos se postraron ante él y volvieron muy alegres a Jerusalén, ⁵³donde permanecían constantemente en el Templo alabando a Dios.

trata el mismo tema desde dos perspectivas diferentes: en el evangelio la ascensión es la culminación de la misión de Jesús; en los Hechos de los Apóstoles la ascensión es el preludio de la misión de la Iglesia.

Betania está al otro lado del Monte de los Olivos, al este de Jerusalén (Hch 1:12). La bendición de Jesús es señal del traspaso de su misión a los discípulos y su promesa de ayuda para llevarla a cabo. Toda la escena recuerda la bendición sacerdotal de Sirac 50:20-21 (cf. Jn 20:21-23). La palabra griega para "adorar" (v. 52: postrarse) se usa por primera vez en el evangelio para indicar la reverencia a Jesús (antes se usó para Dios Padre: 4:7-8). La resurrección ha revelado su divinidad.

El evangelio termina en el Templo, donde comenzó. El cristianismo aún se entendía como el cumplimiento de las promesas hechas a los judíos en el seno de Israel, no como algo separado del judaismo. Los primeros cristianos son judíos devotos. Su misión aún se encuadra en el judaísmo (Hch 1-7) hasta que sean llevados fuera por el influjo del Espíritu. Los discípulos no están desanimados por la partida de Jesús (cf. Jn 14:1). Se quedan llenos de alegría por enteder el cumplimiento de la misión de Jesús y en espera del don que les ha prometido.

AYUDAS PARA DIALOGAR
Y REPASAR LOS TEMAS DEL EVANGELIO

I

Introducción *(páginas 7-11)*

1. ¿Por qué llamó Dante a Lucas el "escriba de la mansedumbre de Cristo"?
2. ¿Quién era San Lucas y para quiénes escribía?
3. ¿Qué se proponía San Lucas al escribir su evangelio? ¿A qué preguntas quería dar una respuesta?
4. ¿Por qué subraya San Lucas tanto para sus lectores el tema de la salvación universal?
5. ¿Puedes recordar algunos textos donde habla con insistencia de la misericordia y del perdón? ¿Cómo dio Jesús el ejemplo de perdón?
6. ¿Puedes buscar en los dos primeros capítulos de Lucas algunos de los textos donde habla de alegría?
7. La vida de Jesús fue un gran viaje; ¿en qué se le parece la nuestra?
8. ¿Cómo se comporta San Lucas el buen ciudadano cristiano?
9. ¿Cuál es el esquema general del Evangelio de Lucas?
10. ¿Cuál es la historia o parábola de Jesús que te gusta más? ¿En qué evangelio se encuentra?

II

1:1-2:52 Prefacio y comienzo. *(páginas 12-23)*

1. ¿Porqué escribió Lucas su evangelio si ya los cristianos conocían a Jesús por los escritos de Mateo y Marcos?
2. ¿Cómo prueba San Lucas que Jesús es el cumplidor de las profecías?
3. ¿Qué paralelos ves entre la infancia de Juan Bautista y la de Jesús?
4. ¿De qué es María modelo en la anunciación?
5. ¿Qué es lo que más te impresiona del *Magníficat?*
6. ¿Cómo aparece ya la sombra de la cruz en las narraciones de la infancia de Jesús y especialmente en el *Benedictus?*
7. Comparen la infancia de Mateo con la de Lucas. ¿Es verdad que Lucas se fija en María y Mateo en José?
8. ¿Por qué lleva San Lucas a los pastores el pesebre? ¿Qué representan los pastores?
9. ¿Cómo aparece Jesús en su infancia como "el pobre entre los pobres"?
10. ¿Qué temas del evangelio se anuncian ya en la infancia de Jesús?

III

3:1–4:13 Preparación del Mesías *(páginas 23–28)*

1. ¿Cuál es la función de Juan Bautista en la historia de Jesús?
2. ¿Qué cambios sociales concretos pedía Juan Bautista de las personas que se convertían?
3. ¿Qué función desempeña el Espíritu Santo en la preparación del ministerio de Jesús?
4. ¿Por qué nombra San Lucas los antepasados de Jesús hasta Adán? ¿Sabes algo sobre algunos de esos antepasados?
5. ¿Cómo pretendían las tentaciones apartar a Jesús del plan del Padre? ¿Cómo se parecen las tentaciones de Jesús a las de Israel en el desierto durante el Exodo? ¿Cómo se repiten esas tentaciones en tu vida?

IV

4:14–9:50 El ministerio de Galilea *(páginas 29–56)*

1. ¿Cómo resumen los vv. 4:14-30 todo el ministerio de Jesús?
2. ¿Por qué se les prohibe a los demonios declarar quién es Jesús?
3. ¿Cómo representa la vocación de los discípulos (5:1-11) lo que sucede en la vida de la Iglesia?
4. ¿Cómo aparece la fe en las cuatro narraciones del capítulo quinto?
5. ¿Cómo afecta el encuentro con Jesús el resto de la vida de la persona?
6. ¿Por qué condenan tan severamente a los ricos las bienaventuranzas de Lucas en 6:20-26?
7. ¿Cómo pudo inspirar la vida de la iglesia posterior la narración del centurión? (cf. 7:1-10)
8. ¿Qué relación ves tú entre el perdón y el amor? (cf. 7:36-50)
9. ¿Cómo trataba Jesús a las mujeres? ¿Cómo hay que tratarlas hoy? (cf. 8:1-3)
10. ¿Cómo representa la parábola del sembrador nuestras respuestas a la palabra de Dios? (cf. 8:11-15)
11. ¿Qué hay de bueno en el negarse a sí mismo y en la mortificación? (cf. 9:18-27)
12. ¿Cuáles son las principales enseñanzas que Jesús da a sus discípulos durante el ministerio en Galilea? (cf. 6:27-49; 9:23-26)

V

9:51–19:44 El viaje a Jerusalén *(páginas 56–97)*

1. ¿Por qué era Jesús tan exigente con los que deseaban acompañarlo a Jerusalén? (cf. 9:57-62) ¿Qué te exige ahora a ti Jesús para seguirle?
2. ¿Qué dicen las narraciones del buen samaritano y de Marta y María (10:25-42) como instrucciones para el discipulado cristiano?
3. ¿Cómo se compara el ''Padre Nuestro'' de San Lucas con el de San Mateo?

4. ¿Cuáles son las principales acusaciones de Jesús contra los escribas y los fariseos? ¿A quiénes alaba Jesús en el evangelio?

5. ¿Qué dice la parábola del rico pobre (12:13-21) para el mundo de hoy?

6. ¿Qué significa hoy entrar por la puerta estrecha? (cf. 13:22-30)

7. ¿Qué estructuras de nuestra sociedad nos invitan a confiar en Dios y cuáles invitan a confiar en el dinero? (cf. 14:13-34; 16:1-15)

8. ¿Por qué hay tanta alegría por la conversión de un pecador? (cf. 15:1-10)

9. ¿Cuándo somos nosotros como el hijo pródigo y cuándo como el hermano mayor?

10. ¿Cuáles fueron los errores del rico banqueteador? (cf. 16:19-31).

11. ¿Qué dice San Lucas sobre la venida del Reino de Dios? ¿Qué hay que decir sobre el "rapto" de que hablan algunos cristianos?

12. ¿Cuál es la enseñanza principal de la parábola del fariseo y el publicano? (cf. 18:9-14).

13. ¿Qué significa el aceptar el Reino de Dios como un niño? (cf. 18:17) ¿Qué cualidades del niño predisponen para el Reino de Dios?

14. ¿Cómo se salvan los ricos? ¿Son los pobres mejores que los ricos?

15. ¿Cómo es Zaqueo un modelo de conversión para nosotros?

VI

19:45–24:53 Sufrimiento y victoria *(páginas 97–121)*

1. ¿Cómo defiende Jesús su autoridad como maestro divino en el Templo?

2. ¿Qué enseñó Jesús sobre el pago de los impuestos? (cf. 20:20-25)

3. ¿Por que era tan valioso la ofrenda de la pobre viuda? ¿Cuándo valen más nuestras ofrendas?

4. ¿Cuáles son algunas de las señales del fin del mundo? ¿Se puede saber el día y la hora? ¿Por qué preocupa tanto a la gente el fin del mundo?

5. ¿Qué quería enseñar Jesús a sus discipulos en la cena pascual? ¿Qué obstáculos había para su enseñanza?

6. ¿Cómo afectaron a las personas presentes al arresto, la convicción, y la crucifixión de Jesús?

7. ¿Qué enseñanzas hay para los cristianos en la historia de Emaús?

Los folletos disponibles de The Liturgical Press en el serie del *Comentario Bíblico de Collegeville:*

Entrada al lugar del entierro de Jesús en la iglesia del Santo Sepulcro en Jerusalén

La cúpula de la Ascención en el monte de los Olivos, marcando el sitio tradicionalmente aceptado de la Ascención de Jesús (Lc 24:50-53)